Quanto vale o seu tempo?

CARO LEITOR,
Queremos saber sua
opinião sobre nossos livros.
Após a leitura, curta-nos no
facebook.com/editoragentebr,
siga-nos no Twitter
@EditoraGente,
no Instagram **@editoragente**
e visite-nos no site
www.editoragente.com.br.
Cadastre-se e contribua com
sugestões, críticas ou elogios.

Fábio Ennor Fernandes

com prefácio de Edu Lyra e apresentação de Luiz Fernando Furlan

Quanto vale o seu tempo?

Uma estratégia para ressignificar o trabalho e a felicidade a partir da sua equação mais valiosa: tempo + liberdade

Diretora
Rosely Boschini

Gerente Editorial
Rosângela de Araujo Pinheiro Barbosa

Editor Assistente
Alexandre Nuns

Assistente Editorial
Rafaella Carrilho

Produção Gráfica
Fábio Esteves

Preparação
Sofia Soter

Capa
Fabrício Gimenes

Finalização de capa
Mariana Ferreira

Ilustração de capa
Eunho Lee

Ilustração p. 158
Thobias Daneluz

Projeto gráfico e diagramação
Gisele Baptista de Oliveira

Revisão
Gabriela Colicigno e Wélida Muniz

Impressão
Rettec

Copyright © 2021 by Fábio Ennor Fernandes
Todos os direitos desta edição
são reservados à Editora Gente.
Rua Original, 141/143 – Sumarezinho
São Paulo, SP – CEP 05435-050
Telefone: (11) 3670-2500
Site: www.editoragente.com.br
E-mail: gente@editoragente.com.br

Dados Internacionais de Catalogação na Publicação (CIP)
Angélica Ilacqua CRB-8/7057

Fernandes, Fábio Ennor
    Quanto vale o seu tempo?: uma estratégia para
ressignificar o trabalho e a felicidade a partir da sua equação
mais valiosa: tempo + liberdade / Fábio Ennor Fernandes.
    - São Paulo: Editora Gente, 2021.
    192 p.

ISBN 978-65-5544-134-5

1. Orientação profissional 2. Desenvolvimento pessoal I.
Título

21-2643   CDD 371.425

Índices para catálogo sistemático:
1. Orientação profissional

NOTA DA PUBLISHER

Fábio Ennor Fernandes me impressionou desde a primeira conversa, pois percebi como ele encontrou o significado de sua vida por meio de seus valores, de sua família e da busca pela simplicidade. Além disso, ele lidera o *Walking Together*, movimento de valorização do interior do país, convocando empresários a gerar oportunidades de desenvolvimento e crescimento para todos e traçando rotas para além dos grandes centros.

Fábio é a típica pessoa cujo objetivo é sempre fazer dar certo, independentemente da situação. Sua história tem o poder de inspirar todos os leitores, pois ele mostra que sempre há saída para lidarmos com qualquer que seja o desafio.

Com essa perspectiva, ele planejou o que seria seu ideal de vida e foi construindo passo a passo a realidade que tem hoje: a de uma pessoa muito bem-humorada, empresário bem-sucedido que ajuda vários outros empresários do Brasil e do mundo a terem negócios bem-sucedidos e que geram bons resultados para todos os *stakeholders*.

E o tempo é o fator fundamental em tudo isso, pois saber que somos finitos nos faz querer construir algo de melhor para o mundo. Em *Quanto vale o seu tempo?*, você encontrará inspirações e verdades fundamentais que vão ajudá-lo a estruturar um plano com estratégias que contribuirá para uma vida plena e mais equilibrada.

Boa leitura!

Rosely Boschini — CEO & Publisher da Editora Gente

DEDICATÓRIA

Dedico este livro para minha linda esposa Carolina, que é, sem a menor dúvida, um dos seres humanos mais incríveis que tive a oportunidade de conhecer, além de ter a sorte de construir nossa história, juntos.

Para minhas amadas filhas, Ana Luiza e Ana Helena: agradeço todos os dias por vocês serem quem são. Pensei muito em vocês para fazer este livro, um leve bate-papo sobre a vida. Tentei mostrar, de coração, alguns motivos que me fazem ser apaixonado por viver, para, quem sabe, inspirar vocês a tirarem suas próprias conclusões. Lembrem que demos uma sorte gigante de estar nesse mundo e que tudo um dia acaba. Sendo assim, aproveitem a vida com muito amor próprio. Eu sempre estarei torcendo por vocês.

Estendo também todo o carinho e a vibração positiva para meus queridos afilhados, Pedro Henrique e Antônio, orgulhos do Padim!

Também faço minha homenagem pela honra e memória de minha mãe, Sheila (1935–2009), que, por meio do seu amor, desenvolveu minha auto-confiança, me ensinou a ter coragem e me entregou a vida duas vezes.

Ao meu pai, Paulo Sergio (1941–2018), que moldou meus valores fundamentais, me dando a base com sua presença paterna, além de sempre ter me feito refletir sobre o valor do meu tempo.

Por fim, ao meu sogro-pai-amigo Cacau (1947–2021), que acabou de nos deixar. Posso dizer que tive o privilégio de compartilhar uma verdadeira coleção de bons momentos com ele, sem falar na alegria de tê-lo como meu primeiro leitor. Ele foi e continuará sendo minha referência da frequência na qual devo tocar a vida.

AGRADECIMENTOS

Gostaria de começar agradecendo à família que sempre me recebeu de braços abertos: minha querida sogra, Renata, que já fez por mim mais que muita mãe fez por um filho; minha cunhada, Cris – nunca vi um coração tão grande; meu supercunhado, Paulo, dono de uma generosidade sem igual; minha concunhada, Danielle, que está sempre de bom humor; e meus sobrinhos, Gabi e Manu, que devem ser de outro mundo de tão especiais!

Meu sócio-irmão de vida, Eduardo Bredarioli, que me ajudou a concluir que a vida é como é. Como se não bastasse, ainda me trouxe minha querida amiga, Raquel, e meus sobrinhos, Eduardinho e Pablo.

Meu outro irmão, Rodrigo Baracat, que, além das incontáveis histórias que vivemos juntos, me abriu sua família, que me ensinou muito e me fez sentir muito querido. Quero registrar minha verdadeira adoração pela tia Eduarda e pelo tio Evandro.

Além desses dois, completo a turma de amigos com Fábio Lopes, Rafael Darahem, Marcelo Pepe, Leonardo Costa Pereira, Humberto Meirelles e Daniel Darahem. Cada um, com sua essência, me mostrou a força da frase: "Diga-me com quem andas e te direi quem és!".

Ao meu primeiro e grande amigo, Rodrigo Tavares, que tenho o orgulho de ter ao meu lado desde os 3 anos de idade. Ele ainda me deu um afilhado e minha querida Letícia.

Toda minha pequena família de primeiro e segundo grau, em nome do meu tio, João De Simoni Soderini Ferracciu, um dos maiores publicitários do nosso país, uma das pessoas mais cultas e inteligentes que conheci. Com certeza teve muita influência em minha vida, pois foi minha grande referência e fonte de inspiração.

Também destaco a importância da minha supermadrinha, Mônica, que acreditou em mim e sempre ficou de olho em meus passos, além de colocar minha linda prima, Mariela, em minha caminhada. Não posso deixar de agradecer minha prima, Stellinha, que mudou minha vida quando me convidou para dar minha primeira palestra.

Agradeço aos meus queridos amigos, professor José Augusto Correa e Tales Andreassi, que também mudaram minha vida ao me darem a oportunidade de colaborar com o Centro de Empreendedorismo da FGV.

Falando do impacto que o LIDE teve em minha vida, quero deixar meu profundo agradecimento ao João Doria, que me deu uma oportunidade e me levou a outro patamar.

Também agradeço a oportunidade única de conviver e aprender com um mito chamado Luiz Fernando Furlan.

Um agradecimento especial para a minha querida amiga, Célia Pompeia, com quem tenho um orgulho enorme de aprender. É uma alegria poder, ao lado do Johnny e do supertime, ajudar a escrever a história do LIDE pelo mundo.

Em nome do meu amigo-irmão, Marcos Scaldelai, agradeço a confiança de todos os queridos presidentes de unidades LIDE ao redor do planeta.

No LIDE Ribeirão Preto, quero agradecer a meu querido Maurílio Biagi Filho. Digo tranquilamente que, se não fosse por toda a energia dele, nada disso teria sido possível. Nunca vi uma pessoa ajudar tanta gente.

Agradeço ao meu querido Chaim e à sua filha, Thamila Zaher, que apoiaram cada um dos meus passos. Acredito que nem eles imaginem o quanto me ajudaram!

Também agradeço a confiança de todos os nossos filiados, em nome do nosso supercomitê de mantenedores composto pelos meus seguintes amigos: Maurílio Biagi, da Maubisa; Adalberto Batista, da Trexx Holding; Alberto Borges Mathias, do Inepad; Antonio Manuel Alecrim, da Basequímica; Chaim Zaher, do Grupo SEB; Daniel Garcia, da SPSP; Daniel Maranhão, da Grant Thornton; Dorival Balbino, da Riberball; Eder Mialich, do Supermercados Mialich; Eduardo Silva, da Edan Bank; Flávio Batel, da Solstic Advisors; Gabriel Paulino, da Terra Nova Trading; Rui Flavio Chufalo Guião, do Grupo Santa Emília; Jardel Massari, da Ourofino; João Naves, da Rodonaves; Júlio Cesar Paim, da Unimed Ribeirão Preto; Nelson Castro, da Cory; Silvio Crestana, da Embrapa; Thamila Zaher, do Grupo SEB; Tomie Sakamoto, da Arezzo; Marcelo Salomão, do Brasil Salomão Advogados; e William Oliveira, da Totvs IP; ao lado do nosso supertime de estrelas, Monize (Morango), Mariela, Elias, Samara, Joelma, Dani, Fabrício, Victor e os times da WHF e da Phábrica de Idéias.

Quero deixar um especial agradecimento pela confiança do meu querido amigo, Marcelo Salomão, que, além de ser meu mais antigo apoiador, tornou-se meu novo sócio no LIDE Ribeirão Preto, para continuarmos essa jornada ainda mais juntos.

Também é importante dizer que nada teria acontecido se não fosse pela superconexão da minha querida amiga, Patrícia Meirelles.

Quero agradecer ao querido Flavio Batel, que inovou minha vida quando me convidou para ser seu conselheiro na Solstic Advisors, grupo do qual tenho muito orgulho de fazer parte.

Também ao meu amigo de infância, Betinho Biagi, que me convidou para o conselho da brilhante iniciativa Projete o Futuro, com a qual tenho muita honra em contribuir.

Falando sobre nosso Walking Together, tenho que agradecer todos os nossos queridos walkers que tornam nossa caminhada incrível e nossos pilotos, os verdadeiros embaixadores do WT nessas "pequenas" cidades maravilhosas. Destacando meu primo-amigo, Otávio Juliato, que deu os primeiros passos dessa jornada comigo.

Logo depois, o WT me deu um grande presente: um irmão chamado Victor Bermudes. Desejo para todo mundo ter um Victão em suas vidas. Além de abraçar comigo a causa de levar o WT para o mundo inteiro, é um ser humano fantástico e amigo para todas as horas, que transborda alegria de viver por onde passa.

Também dou um destaque especial para nossos super-heróis do Team-One, Zitão, nosso estrategista dos sonhos; Luan, nosso guerreiro incansável; Arruda, o desbravador nato; Mariela, nossa número um;

Gui, o gigante – tenho certeza de que ele é um robô com inteligencia artificial –; Monize, nossa querida Morango, que se faz onipresente; e William, nosso guru dos números. Sem falar nos superparceiros Accenture, Brasil Salomão, Corelaw, Grant Thornton, NavegarTi, Saffron, SobTIC, TokenLab e Totvs, todos que, com suas incríveis habilidades, contribuíram e vão contribuir para que, juntos, possamos estabelecer a Era da Generosidade.

Agradeço demais ao brilhante time da Editora Gente, em nome de Rosely, Rosângela e Alexandre, por todo o carinho com que, junto com minhas queridas Joyce e Marília, me ajudaram a realizar este sonho.

Todo meu respeito e admiração ao meu querido amigo, Edu Lyra, esse gigante que não veio ao mundo à toa e é o que eu chamo de força da natureza. Fundador da Gerando Falcões, ele carinhosamente aceitou escrever o prefácio do meu livro.

Por fim, como prometido, quero deixar um justo reconhecimento para quem me ajudou a encontrar o título para o meu livro. Tinha que ser ele, meu amigo querido que é um verdadeiro gênio criativo, chamado Fabrício Gimenes. Após aproximadamente umas oitenta opções de título, foi ele que, cirurgicamente, antes mesmo de ler o manuscrito, apenas conhecendo minha história, olhou pra mim e disse: "Fabião, por tudo que conheço sobre você, o título deveria ser *Quanto vale seu tempo?*".

Meu muito obrigado a todos vocês por fazerem parte da minha vida!

Como se não bastasse, o Fabrício ainda me presenteou com essa capa incrível – que me conquistou imediatamente – com uma ilustração impactante e reflexiva, feita pelo artista sul-coreano Eunho Lee.

O mais legal é que estamos só começando, e vem muita coisa boa pela frente!

17 APRESENTAÇÃO, POR LUIZ FERNANDO FURLAN

19 PREFÁCIO, POR EDU LYRA

23 INTRODUÇÃO

29 CAPÍTULO 1 AH, NÃO, O DESPERTADOR DE NOVO!

39 CAPÍTULO 2 POR UMA VIDA LEVE E COM RESULTADOS

59 CAPÍTULO 3 O QUE VOCÊ QUER E O QUE NÃO QUER

81 CAPÍTULO 4 CADA UM NO SEU QUADRADO – OU MELHOR, DEPARTAMENTO!

97 CAPÍTULO 5 FAÇA TUDO O QUE PODE (MAIS? NÃO DÁ)

121 CAPÍTULO 6 A VENDA SEMPRE ME SALVOU

143 CAPÍTULO 7 WALKING TOGETHER, O PODER DE CAMINHAR JUNTO

171 CAPÍTULO 8 LEVE ESSA LEVEZA COM VOCÊ

187 E SE UM DIA...

189 POSFÁCIO, POR EDUARDO BREDARIOLI

APRESENTAÇÃO
POR LUIZ FERNANDO FURLAN

O Fábio é uma dessas pessoas com tantas histórias que certamente em algum momento ele precisaria ter um livro, e fico contente em ver que esse projeto se realizou. Nos conhecemos no LIDE, grupo do qual faço parte desde a criação, há quase 20 anos coordenando esforços de empreendedorismo no Brasil e no mundo. Em 2016 o fundador do LIDE, João Doria, me convidou para ser seu substituto temporário, porque ele seria pré-candidato a prefeito de São Paulo – e o resto virou história, a carreira política dele decolou e o que era temporário agora é permanente. A partir daí comecei a conviver mais intensamente com o Fábio e pude ver o ser humano admirável que ele é.

O que me chama atenção no Fábio é a capacidade que ele tem de agrupar pessoas, unir gente de todos os tipos, fazer com que todo mundo troque experiências, contatos, que se apoie. Ele conseguiu juntar um comitê de gestão de muito peso, com pessoas de nome nacional – o que não é fácil – e todos os presidentes do LIDE, seja no Brasil ou exterior, gostam muito do Fábio, fazem interlocução, se aconselham, colocam ideias, porque ele sempre sabe fazer o ganha-ganha acontecer. Em resumo, mas não apenas: ele é uma pessoa que eu admiro.

Isso tem a ver com liderança, simpatia, mas também com muita organização. Lendo este livro, você vai se perguntar como é que esse cara fez tantas coisas; mas não se engane, atrás do sorriso e da disposição, existe muito planejamento. O Fábio é uma pessoa que tem uma base organizada e, nos tempos de hoje, isso faz toda a diferença. A entrada dele para o LIDE Ribeirão Preto foi um grande avanço para todos nós, assim como quando ele teve a oportunidade de ser coordenador das unidades do LIDE – é completamente do perfil dele saber lidar com diferentes interesses e estruturar agendas e necessidades para conseguir atender todo mundo. A base de tudo que ele fala e faz é a organização, com muita disciplina, uma característica muito impressionante. Ele enfrenta os desafios com diligência e as pessoas que convivem com ele percebem a sua superação a cada dia.

Eu acredito que pessoas como o Fábio deveriam ser estimuladas a publicar suas experiências, porque quem vai ler certamente se encontrará na sinceridade com a qual ele fala dos seus problemas, com as situações que ele passou e com a positividade com a qual ele leva a vida. Ao longo da leitura percebemos que, mesmo com momentos de desânimo, ele se superou e construiu uma trajetória muito positiva, principalmente para os mais jovens.

Outro ponto que vale ressaltar é que esse estilo estruturado e otimista permitiu que ele fosse um cara muito à frente das tendências. Antes de a pandemia de Covid-19 chegar, ele já tinha começado a reestruturação do LIDE e a desdobrar interações on-line, ter um trabalho remoto e que não dependia de onde ele estava. Eu garanto que, com essa postura, a adaptação para ele foi muito mais fácil.

O Fábio tem essa experiência de vida de fazer o que parece dificílimo: priorizar os seus objetivos com bem-estar. Ainda mais depois do celular, gerenciar tempo e prioridades, já que tudo se tornou indispensável, ficou muito mais difícil. As pessoas estão na rua olhando para a tela, e provavelmente 90% do que se olha não é importante, mas toma tempo, consome atenção e atrapalha os planos. Este livro vem para lembrar o que é importante de fato, quais são as coisas das quais você não pode se distrair.

O Fábio conta aqui uma história de muitos sucessos, mas fala deles sabendo rir de si mesmo. Ele conta suas fraquezas, desastres, mostrando como existe força quando sabemos ser vulneráveis, gerando identificação e muita simpatia para quem está do outro lado do texto. A autocrítica é uma fortaleza e o Fábio tem isso de sobra. Neste livro, ele é o protagonista que se expõe antes mesmo de ser julgado, criando empatia, trazendo seus defeitos e fraquezas para estimular a reflexão de quem está olhando. Não se vive só de vitórias e de ego. Existe gente como a gente que ganha, perde, empata, mas a soma final acaba sendo positiva. E se existe uma verdade sobre o Fábio é que ele veio para somar.

Luiz Fernando Furlan
Ex-ministro do Desenvolvimento, Indústria e
Comércio Exterior e Chairman do LIDE.

PREFÁCIO
POR EDU LYRA

É uma honra escrever o prefácio deste livro. E você vai concordar comigo até o final da leitura. Isso porque o Fábio Ennor Fernandes tem um dos melhores networkings do Brasil. Se não for o melhor networking. Ele criou verdadeiros empreendimentos de conectar pessoas – o que significa que ser convidado para prefaciar seu livro é uma profunda alegria e satisfação. A verdade é que ele poderia convidar desde os homens mais ricos do país, até os políticos mais importantes. Então receber o pedido de fazer este prefácio é uma prova da nossa identificação e da nossa sintonia.

Para início de conversa, sou apaixonado por esse cara porque ele escreve o que vive. E vive o que escreve. Com uma história de vida linda, princípios de empreendedorismo, família e lealdade aos seus valores, ele construiu uma história rara. Então, leia este livro acreditando que ele foi escrito por uma pessoa real. Não foi "marketeado", foi vivido. E temperado com os encontros e desencontros da jornada, com sucessos e fracassos. Ele traz lições de gerenciamento de tempo, de resiliência, de criação de coisas a partir do zero – como é o fabuloso Walking Together. Ele também traz um conteúdo que não serve apenas para empreendedores, e sim para professores, gestores sociais, CEOs de grandes companhias. O que o Fábio tem para dividir aqui pode ajudar todo brasileiro que quer fazer algo significativo com a própria vida – e aproveitar o caminho para chegar lá.

Não lembro ao certo como foi que conheci o Fábio, mas lembro em detalhes todas as belas trocas que já tivemos. Ele já me levou para o interior para o seu evento Walking Together. Sempre me manda uma mensagem para saber como estou, como estão os projetos. E, quando lancei meu livro *Da favela para o mundo*, ele saiu do interior de São Paulo e chegou mais cedo que todo mundo – ele era o quarto cara da fila! Foi uma alegria dar aquele autógrafo e aquele abraço nele.

Neste livro você vai conhecer mais do que uma história, vai entender um estilo de vida e de conquistar seus sonhos – e que ele ainda apresenta com humildade, sempre aconselhando que o mais importante é você conhecer a própria medida. A sua medida de felicidade, de descanso, de dinheiro. Como tudo o que o Fábio faz, é um livro otimista e, acima de tudo, respeitoso.

A minha lembrança mais forte do Fábio é esta: ele sempre carrega um sorriso no rosto. Essa vida dura não enrijeceu o cara. Ele é humano, detalhista e carinhoso no trato com as pessoas. Ele quer sempre produzir impacto. Nunca se esquece de me chamar para reuniões que acha que podem me impulsionar e me convida para introduzir meus programas de combate à pobreza nas favelas do interior. Em resumo: ele é um cara para se ter como amigo. Um empreendedor para ser admirado. E um escritor para ser lido.

Edu Lyra
Fundador e CEO da Gerando Falcões.

INTRODUÇÃO

EM ALGUM LUGAR DO FUTURO...

Caminho devagar na beira do mar. Adoro final de dia na praia, quando o sol acabou de se pôr e o céu ainda está rosa alaranjado. A temperatura está amena, não faz frio, nem calor, e sinto um ventinho leve enquanto ouço o barulhinho das ondas... É o cenário perfeito para pensar na vida. Sinto que estou em dia com ela e que, se tudo acabasse neste momento, valeu muito a pena. Tive a sorte grande de concluir rápido como eu gosto de passar meu dia. Sabendo o que realmente importa, foi bem mais fácil ir direto ao ponto, buscar o que eu queria e focar em ser um colecionador de bons momentos. Foi muito importante ter um plano para ser dono do meu tempo e poder direcionar cada segundo naquilo que realmente fazia sentido. Desde acordar na hora em que eu quis até ser a pessoa leve e produtiva que sempre achei legal ser, respeitando tanto a mim como às pessoas que eu amo.

Preciso voltar para casa e me arrumar, porque hoje é um grande dia para mim – estamos todos juntos e empolgados para uma superfesta. Eu gosto de comemorar com todo mundo junto: meus bons amigos, minha família linda, minha mulher maravilhosa, minhas filhas deslumbrantes e, claro, minhas netas que me enchem de alegria. Passei a vida pensando nesse momento com um sorriso no rosto. Que demais, não podia ter um presente melhor para o meu tão esperado aniversário de 104 anos. Passa rápido, mas afirmo a você: dá para fazer bastante coisa nessa tal de vida.

DE VOLTA PARA O PRESENTE

Começo este livro mostrando a você a minha melhor ferramenta de escolha. Sempre que preciso decidir alguma coisa, da mais simples à mais complexa, basta imaginar que vida quero encontrar no meu aniversário de 104 anos. Penso nos meus valores fundamentais que me levarão a encontrar aquela sensação de paz interior, por ter uma vida leve e ao mesmo tempo produtiva, que resumo em duas ideias fundamentais: atitude e bom humor.

Essa retrospectiva imaginária me faz conferir se estou no caminho certo rumo aos meus 104 anos. Inclusive, me ajuda a refletir sobre alguns temas vitais, como o significado de ser rico de verdade. Será que quanto mais dinheiro, melhor? De quanto dinheiro preciso, quanto custa essa vida que busco? Qual é o caminho mais fácil para alcançar essa vida ideal? Rico talvez seja quem tem tempo de viver as histórias gostosas que temos para contar. Esse é um assunto tão empolgante que daria um livro... E não é que deu!?

Eu me faço essa e outras perguntas que às vezes passam despercebidas para quem vive a correria. Essas perguntas são vitais para encontrar uma estratégia de vida que combine com meus valores, talentos e vontades. A partir de reflexões simples como essas, e de outras regrinhas que fui concluindo – e detalharei no decorrer do livro –, é possível avaliar se estou no controle da minha vida, se estou vivendo ou apenas sobrevivendo para atender às expectativas de outras pessoas.

Este livro existe para contar a minha história, e eu adoraria que você a conhecesse, mas não só isso. Quero também compartilhar com você um modo de pensar, de planejar a vida, de empreender no seu negócio ou no seu emprego. Quero que minha história possa ser uma ferramenta útil para a sua vida. Que minhas conclusões e soluções o inspirem a equilibrar e integrar negócios e experiências, dinheiro e paz, seu bem-estar, o de sua família e o de quem está em volta – que são tão importantes quanto o seu.

No geral, sinto que minha vida flui bem porque não me cobro perfeição, nem preciso girar no meu máximo de produtividade. Apenas me exijo equilíbrio emocional para estar bem todos os dias. De dentro para fora. Não me dou ao direito de reclamar de nada. Juro.

Minha principal pretensão com este livro é o mesmo objetivo que coloco em todas as áreas da vida: provocar atitudes e mudanças positivas. A conta é simples: se quero morar em uma casa boa, tenho que ajudar minha família. Se quero morar em uma rua boa, tenho que ajudar minha rua. Se quero morar em uma cidade boa, tenho que ajudar minha cidade. O mesmo com o meu país e meu planeta. Se eu ajudar a acabar com a reclamação no mundo, com certeza vou viver em um mundo mais alegre.

Sendo assim, vou compartilhar estratégias que funcionaram pra mim e que, certamente, contribuirão de alguma forma para melhorar a vida de algumas pessoas. Estamos na era da generosidade, precisamos nos ajudar. A ajuda sempre volta, não importa o caminho por onde vem. Certo dia ouvi de um amigo uma frase que confirma minhas palavras: "Se você não é generoso por caráter, seja por inteligência". Forte, não é? Mas é verdade. Que a generosidade volta para a gente, ah, isso volta!

Fico muito feliz com o projeto deste livro, porque vibro com cada uma das histórias que tenho para contar. Acredito que, quando descobrimos e conhecemos histórias com pontos de vistas diferentes, repensamos nossos valores, valorizamos o que está bom e ajustamos o que pode melhorar. Trago, neste conteúdo, inspiração, ideias e provocações, não receitas de bolo ou fórmulas mágicas. Quero compartilhar humildemente o modo como construí minha vida, concentrado em chegar aos 104 anos com excelentes motivos para comemorar.

Minha vida é comum, mas procuro torná-la o mais fantástica possível – para mim e para todos os que me cercam. A maioria das pessoas tem uma vida comum, e a grande questão é como torná-la sensacional, gratificante e divertida mesmo assim, para que valha a pena ser vivida. No meu caso, foi com atitude e bom humor. A atitude, porque é preciso dar o primeiro passo, rompendo a inércia em direção a algum lugar. E o bom humor para aliviar quando a barra pesa. Afinal, os problemas sempre surgirão, mas é mais fácil resolvê-los com bom humor do que com mau humor.

Acredito sinceramente que podemos caminhar juntos e que este livro pode ser uma ponte. Assim como em meus eventos ou em minhas palestras, esse é um convite para disseminar o lema: "Está ruim? Muda, não reclama!" Com isso, acabo me aproximando de pessoas que se conectam com esses valores, faço novos amigos, novos sócios, novas experiências. Uma coisa puxa a outra.

É por isso que me imagino com 104 anos dizendo a mim mesmo: "Ah, que legal! Me desafiei, dei palestras, escrevi um livro, trabalhei com empresas bacanas, montei, quebrei e levantei várias empresas, fiz amizades, dei um monte de risadas, conheci vários países, ajudei gente, transmiti conteúdo, conectei pessoas, fomentei pequenas comunidades, convivi com as mentes mais brilhantes do país, formei uma família maravilhosa, morei no lugar em que eu queria, acordei na hora em que eu queria. Ufa. Como foi bom!".

Quando volto dos 104 anos para minha idade atual, fica fácil saber onde desejo chegar. Consigo pensar na quantidade de coisas legais que dá para fazer. Fica claro que tenho que cuidar da saúde, para chegar nessa idade. Será que preciso ficar refém dos bilhões de reais? Se cheguei no bilhão, ótimo; se não, está bom também. Dinheiro sempre é bem-vindo, óbvio, desde que não acabe com aquilo que mais prezo: meu tempo e minha paz interior.

Percebe que funciona como um balizador? Entendo como desejo viver. Quero uma família que me admire ou que tenha vergonha de mim? Quero viver em paz ou em guerra diária? Quero fazer o bem ou o mal para as pessoas? Com esse exercício, fica claro para mim quais são meus objetivos e, a partir desse ponto, consigo escolher o enredo da minha história até o final, traçar um plano de voo para depois só me divertir. Ir até o futuro e voltar sabendo o que fazer e o que não fazer. Projetar. Clarear ideias que poderiam estar na sombra ou confusas. Desde os meus 16 anos faço esse exercício, e ele me traz leveza.

Que minha atitude de escrever este livro provoque atitudes e mudanças positivas em você. Espero que sinta realmente a alegria de ser dono de suas histórias – seja empreendendo, seja seguindo carreira executiva em uma empresa, seja no setor público, ou ainda em projetos sociais. Que mais pessoas nesse mundo não precisem passar 104 anos acordando na hora em que não querem.

1
AH, NÃO, O DESPERTADOR DE NOVO!

"O preço de qualquer coisa é a quantidade de vida que você troca por isso."
— Henry David Thoreau.

Todo dia é a mesma coisa: você acorda, mas a alma

demora para voltar para o corpo. Entre uma soneca e outra, o destino é sempre o mesmo: um banho, um café resmungado, começar o dia de trabalho lendo as notícias para ir se acostumando com a vida real, que todos os dias se reinicia.

Eu sei bem como é essa vida, quando precisamos de dinheiro mais do que precisamos estar bem. Precisamos do trabalho acima de qualquer necessidade básica. É a vida da maioria das pessoas. Atualmente, o Brasil é o país mais ansioso do mundo e o quinto mais depressivo,[1] e não chegamos a esse ponto por acaso. A maioria das pessoas vive uma vida que não escolheu; foram simplesmente aceitando os fatos e os incorporando em seu estilo de vida – ou seja, os outros escolheram por elas.

A vida que escolhem para a gente, normalmente, é aquela que parece certa pelo padrão da sociedade. O tipo certo de emprego, morar na cidade grande, pegar trânsito, ganhar muito dinheiro para ter uma casa boa e um carro sempre novo, pagar um colégio bom para os filhos – e não qualquer colégio, o melhor que você conseguir pagar. Nessa pegada, nossos sonhos se traduzem em uma sequência de coisas para pagar, que são cada vez maiores. Em dado momento – que acontece

---

[1] BRASIL é considerado o país mais ansioso do mundo e o 5º mais depressivo. **Band**, 12 nov. 2020. Disponível em: https://www.band.uol.com.br/entretenimento/brasil-e-considerado-o-pais-mais-ansioso-do-mundo-e-o-5o-mais-depressivo-16315866. Acesso em: 26 jun. 2021.

mais cedo para alguns –, percebemos que todas as horas do nosso dia estão "loteadas", alugadas para pagar por essa vida que, lá no fundo, nem queremos tanto assim. Os anos foram passando e nós nunca refletimos direito se essa era mesmo a vida que nosso coração pedia.

Falo muito sobre isso, porque vivi essa vida por um bom tempo, e meu ponto de virada foi entender que eu só seria feliz se fosse o dono do meu dia, sem loteá-lo para ninguém. Não sou herdeiro, nasci como muitos brasileiros: tinha comida na mesa todos os dias, mas sem muito luxo, uma típica família de classe média. Então, mesmo sem ser estudioso, fui seguindo o caminho básico de estudar, trabalhar, tentar sempre ser melhor.

Nesse processo, fui entrando em empregos, melhorando de cargo, e me vi um dia, aos 22 anos, acordando às 3 horas da manhã para chegar ao trabalho antes de amanhecer. Era um sofrimento – e um estudo da Universidade de Oxford[2] apontou que forçar alguém a acordar antes do seu horário ideal equivale mesmo à tortura.

Tem quem goste de despertador, e tudo bem. Entretanto, é necessária muita sorte para o seu horário fisiológico ideal coincidir exatamente com o famoso "horário comercial", ou, pior, com o horário da indústria, que é ainda mais cedo. Eu não tive essa sorte. Desde menino pensava assim: "Não é possível que vou passar uma vida inteira acordando na hora em que eu não quero! Nisso, pelo menos, quero ter controle".

Comecei a refletir diariamente sobre como eu faria para conseguir acordar na hora em que quisesse. Precisava redefinir o que era sucesso para mim e o que ele significava, quanto dinheiro era necessário e em qual tipo de trabalho eu poderia me jogar. Essas perguntas me trouxeram uma mudança de vida que começou a acontecer. Em primeiro lugar, eu precisava de dinheiro, mas entendi que não precisava de todo

---

2 PEDRO, J. Finalmente a ciência confirma: acordar cedo pode ser igual a tortura. **Conhecimento científico**, 5 mai. 2017. Disponível em: https://conhecimentocientifico. r7.com/finamente-ciencia-confirma-acordar-cedo-pode-ser-igual-tortura/. Acesso em: 26 jun. 2021

o dinheiro do mundo; o que precisava, antes de tudo, era não ficar sem dinheiro. Logo, precisava de uma fonte de renda que me permitisse viver o meu dia como quisesse, e viver com conforto, morar no interior – cresci no interior de São Paulo e amo a tranquilidade –, poder ter uma família e tempo para cuidar dessa família. Virar um daqueles executivos que os filhos só veem no domingo não era aceitável para mim.

Durante esse percurso de pensar no que realmente importava, cheguei a duas conclusões.

NÃO ERA NEM PARA EU ESTAR AQUI

Isso mesmo que você leu! A primeira conclusão foi que não era nem para eu estar aqui. Minha mãe passou por um noivado frustrado, uma viuvez, uma gravidez de risco e eu quase não nasci muitas vezes. Ela se tornou mãe somente aos 42 anos e sou filho único. Nasci com quase 5 quilos em uma oportunidade única para mim e para ela, e não poderia desonrar essa chance.

Assim como eu, talvez você nem devesse estar aqui. Já parou para questionar isso? A vida tem tantos desencontros, tantos percalços sociais e biológicos, nossos antepassados passaram por tantas coisas, que estar aqui é um milagre. Pensar que eu não deveria nem estar aqui me deu a paz de que, a partir disso, tudo é lucro.

Eu não podia perder o sono com medo da falência ou do fracasso, porque já estava no lucro. Estou vivo, e você também está! Havia grandes chances de não termos pisado neste planeta. Basta investigar a história de nossos pais para perceber que somos muito sortudos por estarmos conversando aqui e agora. Assim não dá para reclamar da vida. Essa foi uma das minhas melhores escolhas. Jurei ser feliz por opção, sem firula. Está ruim? Tem que mudar, porque reclamar não resolve as coisas, nem paga boleto. Esse virou o meu lema: "Tá ruim? Muda! Não reclama".

ENQUANTO VOCÊ ESTIVER RESPIRANDO, É POSSÍVEL MUDAR, NEM QUE SEJA DE OPINIÃO OU DE PERSPECTIVA.

A VIDA PASSA

A segunda conclusão é que a vida passa depressa. Quem tem filhos sabe do que estou falando. Você pisca e o seu bebê sumiu, já é uma criança com cinco anos e muita opinião; pisca de novo e ele se tornou um adolescente que não quer ser abraçado em público. Pode parecer um clichê, mas a vida é um sopro, acontece em um segundo. Não dá para desperdiçar nem mesmo uma hora em uma vida que não tem nada a ver conosco, que só leva a nossa energia – na qual o ano passa e você não sabe direito o que fez desse tempo. Não é justo com você, e não é justo com o mundo, que poderia estar se beneficiando do seu verdadeiro potencial, ou simplesmente da sua alegria – aquela sua versão que acorda quando quer, vive a vida que gostaria e usa a criatividade para ganhar dinheiro e melhorar a sociedade.

Essa é uma história de fracassos e sucessos, afinal, só não erra quem não tenta. E olha que foram fracassos atrás de fracassos – pois é! –, ou melhor, histórias e mais histórias... A graça é que o movimento constante fez da minha vida o que ela é hoje. A atitude de sempre poder mudar trouxe as minhas realizações, enquanto os períodos de fracasso me ajudaram a entender o valor de tudo o que deu certo depois.

TÁ RUIM? MUDA!

Ao ver o padrão no qual caí se repetir com pessoas diferentes, decidi que já tinha passado da hora de ajudá-las a mudar. Mudar é o segredo. Está infeliz? Muda. Enquanto você estiver respirando, é possível mudar, nem que seja de opinião ou de perspectiva. Todo segundo traz uma nova chance. Existem fases difíceis e mais puxadas, e minha vida não foi sempre um mar de rosas – apesar de eu usar uma lente positiva para vê-la –, mas poder mudar é a esperança renovada. Eu sempre aceitei o convite para a mudança e hoje sou feliz com a vida que criei. Adoro gerir meus negócios e propagar o Walking Together[3] – movimento no qual nos aprofundaremos no capítulo 7.

Cedo ou tarde, o bom é acordar na hora que você quiser. Isso importa mais do que parece e diz muito sobre você. Para isso, é preciso elaborar um plano. Primeiro, é necessário analisar se você está gostando ou não da rotina que vive. Se está, perfeito! Em segundo lugar, se o seu modelo financeiro atual permite mudanças ou não – nós precisamos sempre trabalhar com a realidade. Terceiro, se você tem autoconfiança suficiente para lidar bem com as famosas cobranças à sua volta.

Acredite ou não, tem gente que, mesmo podendo, se sente mal de dormir até mais tarde, se cobra, quer mais, ganhar mais, fazer mais e acaba perdendo a leveza da vida. Essas pessoas não têm as rédeas da própria rotina. Vivem lotadas de trabalho e não têm tempo para nada, consequentemente levam a vida que muitas vezes está distante da que gostariam de ter. Ninguém vai acordar com 104 anos e pensar "deveria ter entregado mais relatórios!". Pelo contrário, vai pensar nas atitudes que não teve, sentir saudade dos filhos, de ter o corpo flexível e cheio de energia.

Como tornar a sua vida sensacional, gratificante, divertida, que valha a pena ser vivida? Vamos para cima, pois daqui a pouco acabou. Morremos. Sei que é difícil saber como começar, e é aí que entra este livro. Quero oferecer a você o meu caminho das pedras, para inspirá-lo a montar o seu. Vamos trabalhar a leveza produtiva, tendo o melhor resultado com uma vida mais *light*, usando modelos de produtividade que não trazem peso para o seu dia a dia.

Se você vive preocupado – até incomodado – por não poder escolher nem a hora de acordar, talvez sua vida seja parecida com a de muitas pessoas que ainda não assumiram as rédeas do próprio tempo. Podem ter status, afetos, tapinhas nas costas, viagens de primeira classe, mas

---

3 Walking Together é uma plataforma de conhecimento e relacionamento concentrada fora das grandes capitais globais que busca, conecta e estimula pessoas do bem e com perfil de liderança, provocando a atitude e mudanças positivas em cidades pequenas.

ainda não são donas do próprio tempo, da vida particular. Não dormem em paz, não acordam como gostariam.

Ao me questionar "Como é que eu gosto de passar meu dia?", olhei para o sucesso para além do piloto automático e tive o grande *insight* de montar meu plano para chegar lá. Passei a buscar trabalhos que davam o máximo de dinheiro possível e que tomassem o mínimo de tempo. Afinal, assim como existem trabalhos que tomam muito tempo e dão pouco dinheiro, o inverso também é verdadeiro. As oportunidades são mais escassas, mas existem!

Com o tempo livre que sobra, é possível se concentrar no que realmente gosta de fazer. Assim, é mais fácil encontrar os seus talentos verdadeiros.

Nunca podemos esquecer que, daqui a pouco, acabou — mais um mantra que vivencio. Daqui a pouco morremos, certo? A única coisa que temos é o tempo de agora, enquanto estamos aqui. Então é preciso ser, no mínimo, dono do próprio tempo. Ao se imaginar com 104 anos, o que pensa ter feito é o que você quer mesmo? A partir daí, temos que buscar o próprio caminho para não lamentar lá na frente.

Sabemos que não existe um jeito certo ou errado de passar o dia, e sim o jeito que faz cada pessoa feliz. Vou partilhar como é o meu jeito e como são as minhas verdades — quais ferramentas eu precisei dar muita "cabeçada" para aprender, e que espero que você use para chegar o mais rápido possível na produtividade leve, na vida em paz que merece viver. Se você se identificar pelo menos um pouco com qualquer linha deste livro, e da minha vida, ele já terá valido a pena.

Uma ótima jornada! Vamos juntos!

2
POR UMA VIDA LEVE E COM RESULTADOS

Como deu para perceber no capítulo 1, é minha prioridade tomar atitudes que deixem a vida mais leve. Não é só da boca para fora; eu realmente acredito que é possível ter cada vez mais experiências boas, momentos felizes e motivos para passar os dias com alegria, entusiasmo e bom humor. Pode me chamar de iludido, de bobo, do que for, mas consigo provar que é possível quando a leveza se torna um valor essencial para você, do mesmo jeito que se tornou para mim. Por mais difícil que seja a vida de uma pessoa, nunca é tão ruim que não possa piorar – isso já é motivo para arrumar força para agradecer e mudar a perspectiva.

Vejo muita gente que dá o sangue, trabalha duro e entrega o seu melhor, porém segue à deriva. A vida dessas pessoas é pesada, de obrigação em obrigação, com sono ruim, alimentação no automático, falta de contato consigo e com quem amam. Sei que muita gente precisa trabalhar para ganhar o que vai comer naquele dia – e acredito que essas pessoas também podem e devem ser ajudadas –, mas estou falando aqui de gente que reconhece que tem opção.

Ando em muitos meios empresariais, convivo com profissionais de todos os portes de negócio, em cidades grandes e pequenas, e posso dizer: tem gente se esforçando demais para pouco resultado, batendo cabeça sem necessidade. Conheço muita gente brilhante que está ansiosa com tantas expectativas e estressada com cobranças desnecessárias, que desperdiça a vida com um ideal de conquista que suga tempo e saúde. Conheço muita gente bem-nascida, de origem muito melhor do que a minha, mas que ri menos do que poderia. Mais gente ainda que dorme menos do que gostaria. Ninguém, em sã consciência, quer isso.

Eu passei por várias empresas antes de assumir o controle da minha vida e percebi que o que havia em comum em todos os ambientes de trabalho eram as pessoas. Tinha gente com medo, inveja, ciúme, dúvidas, insegurança etc. O que eu mais precisava era aprender a lidar com gente. Sabendo lidar com gente, eu crescia. Então, desde muito novo, me dediquei a ouvir todo mundo com 100% da minha atenção.

Se você tem vontade de fazer esse exercício, recomendo fortemente. Ouvir mesmo as pessoas, sem interromper ou só esperar para mandar a sua fala na conversa. Observar como elas respondem, como se comportam e como reagem. Observando e lidando com muita gente, percebi que existem várias crenças "prontas" que não foram reavaliadas e impedem muitas delas de terem a vida que desejam, levando-as a insistir em um cotidiano pesado, insatisfatório, desde a hora que o despertador toca.

Se parece muito vago o que estou dizendo, posso dar exemplos concretos de pessoas que estão à deriva, vivendo uma rotina pesada e com pouco riso. Pare por um minuto para se perguntar se você se identifica com alguma dessas situações:

- Se enrolou em uma rotina, agindo no piloto automático;
- Vive frustrado e sente que, para realizar seu sonho, precisa de um padrinho, ganhar na loteria, do incentivo de chefe, ou de um MBA em Harvard;
- Se acostumou com certo estilo de vida e se enrolou com um custo fixo altíssimo – na verdade, viver ficou tão caro que só pensar em perder a renda gera crises de pânico;
- Tem a ilusão de que apenas uma boa divulgação do seu nome ou produto – justamente aquela que não pode pagar – automaticamente vai gerar lucros;
- Permite que um problema em uma área da vida contamine todo o resto. Ou seja, se o trabalho vai mal, vira uma pessoa insuportável em casa, descontando as frustrações em quem está perto;
- Fica obcecado pela perfeição e por metas inatingíveis;

POR UMA VIDA LEVE E COM RESULTADOS

- Percebeu que escolheu mal um sócio, um parceiro ou um chefe e, por não conseguir confiar nessas pessoas, vive em estado de tensão permanente;
- Quando trabalha com vendas, quer forçar uma negociação sem agregar valor, na pressão ou no desespero, e depois fica se perguntando porque não fecharam o negócio;
- Boicota as próprias ideias com medo de que os outros as achem ridículas;
- Se dá conta de que está perto só dos medíocres, tem muitos conhecidos que não considera amigos, que não ensinam nada e que ainda sugam o que você tem de bom;
- Está acomodado na zona de conforto; mesmo sendo gostosa, é sempre bom passear fora dela;
- Nunca pensou em ter um plano B, C... Z;
- Sente que está ocupado demais para ajudar qualquer pessoa;
- Detona a vida pessoal em nome da ganância de ganhar cada vez mais dinheiro pelo dinheiro, abrindo mão do seu tempo;
- Faz as coisas sem se perguntar "por que eu estou fazendo isso?".

Se você se identificou com no mínimo um desses itens, provavelmente está vivendo uma vida que não gostaria de viver, que não prioriza a sua felicidade. Não estou aqui para apontar o dedo e jogar a culpa em você, mas para oferecer *insights* e sugestões para trazer mais leveza. Afinal, você é a única pessoa interessada na sua felicidade, e também é a única responsável por ela.

Quando estamos sendo carregados pelo fluxo da vida sem refletir muito, nos esquecemos de que para tudo existe uma escolha. Você tem opção, mesmo se agora estiver revoltado e me questionando: "Mas, Fábio, você não sabe das minhas obrigações, é claro que eu preciso trabalhar todos os dias até a meia-noite, preciso bancar esse estilo de vida, não consigo morar em outro lugar, fazer outra coisa". Repito, não estou julgando. Só quero que você lembre que existem, sim, alternativas para uma vida com mais sentido e mais leveza, que respeita mais o seu ritmo.

Um simples e ótimo começo é pensar em qual hora você gostaria de acordar. Foi o meu gatilho para começar uma verdadeira revolução, para sair da vida de acordo com a manada de pessoas que está no automático. Essa simplicidade foi tão importante para a minha vida que lembro exatamente quando caiu a ficha.

COMO VOCÊ TEM PASSADO OS SEUS DIAS?

Eu ainda estava escolhendo meu rumo quando encontrei um amigo com quem não falava havia muito tempo e, olhando nos meus olhos, ele perguntou, com um sorriso no rosto: "Fabião, meu amigo, como você tem passado os seus dias?" Naquele momento, meu amigo mudou a minha vida. Repare que ele não perguntou se eu estava bem ou não, mas *como* eu estava passando os meus dias. É isso que importa – no fim das contas, como diz a sabedoria popular, o que levamos da vida é a vida que levamos.

Comecei a pensar na pergunta simples e fundamental do meu amigo e resolvi, então, fazer uma lista de como seria um dia ideal. Como queria acordar, onde queria morar, como gostaria que fosse minha família, como queria me divertir, onde teria mais facilidade de trabalhar, quais eram os meus talentos... Com esse exercício, acabei descobrindo que gostava de viajar, conhecer gente, ter experiências diferentes, ou seja, colecionar os tais bons momentos. Para isso, eu tinha que ser dono do meu tempo. Fui listando tudo e vi quanto custava a "brincadeira".

Muitas vezes, bastaria pensar em outras alternativas, ou ainda fazer uma simples revisão de valores, para tornar esse processo mais descomplicado e tranquilo. Primeiro: o que é o dia a dia ideal para você? Não para quem você acha que deveria ser, para seus pais, para seu cônjuge ou para mim. Quero saber como seria acordar no dia ideal para *você*. Repasse essa lista:

- A que horas você acorda? De que jeito?
- Onde mora?
- O que faz assim que acorda?
- Com quem convive?
- Como é o ritmo do seu dia?
- Quantas horas você trabalha?

POR UMA VIDA LEVE E COM RESULTADOS

- Quantas horas tem de lazer?
- O que você cria?
- Você tem liberdade de ficar sem fazer nada?
- Consegue sair para viajar?
- Quanto você ri (ou, se possível, chora de rir)?
- Como você almoça?
- Como é o seu final de tarde?
- E sua noite? Você janta com quem?
- O que você faz para terminar o dia?
- A que horas você gosta de dormir?

Muita gente nunca nem pensou no que seria um dia ideal – o dia normal que é ao mesmo tempo perfeito. Se você nunca o fez, agora é uma oportunidade. Em seguida, pode se perguntar: quanto custa esse dia a dia ideal? Possivelmente será menos do que parece – se vivesse a vida ideal, talvez precisasse até gastar menos do que gasta hoje. É possível que a cidade ideal para você morar não seja tão cara; ou que a viagem com que sonhou não seja exatamente a que viu nas redes sociais. Afirmo que, possivelmente, deixaria de comprar algumas coisas pelo impulso gerado pela própria ansiedade – causada pela visão turva do seu dia ideal –, por exemplo. Qual é o número, a quantidade de dinheiro por dia e por mês, para que você consiga viver essa vida? Você já parou para fazer essa conta? É muito particular, mas vale refletir e ir direto ao ponto.

Fazer a conta pode ser assustador, porque você pode perceber que talvez precise de menos do que anda gastando. Se gastarmos menos, a vida fica mais fácil. Muitas vezes gastamos muito para compensar a falta que faz um dia ideal, que preencha nosso coração.

Agora que você já se perguntou sobre seu dia ideal, sobre o preço desse dia, o preço dessa vida… O que pode viabilizar isso? Qual é o esforço mínimo para viver uma vida que é a sua cara, que não dá ansiedade, que não tem tensão? Uma vida mais leve?

Esse último questionamento pode abrir uma verdadeira caixa de Pandora. Você pode começar a questionar se esse emprego ou negócio é a única maneira de chegar lá. Justo essa atividade profissional, para a qual você dá o sangue todos os dias... talvez não seja o modo mais inteligente de conseguir seu dia a dia ideal. Tem gente dependendo de você? Pode ser que sim e que momentaneamente seja a única alternativa viver assim, e há muita dignidade em manter o compromisso com aqueles que dependem de você. Mas você não pode transformar quem ama, seja seus filhos, pais ou companheiro, em uma desculpa para ser infeliz. Porque eles são parte do seu plano, e eu tenho certeza de que também querem te ver bem, em paz. Sempre é bom dar uma repensada na vida em que estamos vivendo – e recomendo que todo mundo faça esse exercício periodicamente. Se você percebeu que há uma discrepância muito grande entre seu dia ideal e a vida que você vive, não fique ansioso. Compartilharei ainda neste capítulo histórias para ajudá-lo a montar esse plano.

Quando falo que busquei um plano para acordar na hora em que eu quero, para ser dono do meu tempo e fazer o que realmente me dava alegria, fico chocado com a surpresa das pessoas. Como se fosse algo completamente fora da realidade almejar uma vida prazerosa. Sinceramente, e com toda humildade, não estou fazendo nada demais.

No fundo, todo mundo sabe o óbvio que deveria ser feito, mas acaba deixando de lado, engolido pelo medo de fracassar e de passar necessidade. Ainda mais do que o medo de dar errado, sinto que, às vezes, algumas pessoas acabam se sabotando por medo de dar *certo*. Porque, se tudo der certo, você precisa reaprender a viver, e a viver como a sua versão feliz. Será que você está pronto para essa versão? Uma versão em que não tem desculpa, não tem hora extra, não tem perrengue para se responsabilizar pela insatisfação?

A maioria de nós parece ter mais medo de dar certo do que de dar errado, porque dar certo é muito possível! Se continuar com esta leitura, já valeu a pena. Isso deixa claro que você está se desafiando, então acredite e se entregue a esta jornada. Se estiver com dificuldade, tem que se concentrar, "acordar" e buscar um novo modelo para fazer valer a pena a sua estadia aqui na Terra, aumentando a coleção de bons momentos. Enquanto estiver vivo, dá tempo de mudar. Simples assim: Se está bom, está bom. Se está ruim, o que falta para tomar uma atitude?

Acredito que isso serve para muita gente. Desde jovens iniciantes, que carregam uma pressão absurda da sociedade para se encontrarem o quanto antes, até profissionais aparentemente bem-sucedidos, que passam grande parte do tempo angustiados. O que venho fazendo é criar modelos para atrair os recursos necessários para viabilizar meus dias com qualidade e tranquilidade.

COMO SABER SE ESTOU NO CAMINHO CERTO

Na execução do dia a dia também acredito que podemos dar esse toque de leveza em muitas situações, independentemente da área de atuação, para tornar a "viagem" mais agradável. Você pode até ter algumas coisas que sirvam como avisos de que está fazendo tudo certo. Eu tenho os meus "sinais". Uma vez coordenei e apresentei um evento na cidade de São José do Rio Preto com a palestra de um grande executivo que presidia um banco importante. Quando o evento terminou, um participante veio me dar este retorno: "É a primeira vez que vou a um evento em que são tratados dois assuntos pesados, como economia e política, de forma tão leve e agradável. Você passa essa leveza, que deixa todo mundo bem! Também passa credibilidade, porque pratica o que fala".

Nessas horas, eu penso em quando acordei para o que realmente queria viver: leveza produtiva. Escutar um simples comentário como esse me dá um sinal de que estou colocando minha essência em minhas atitudes diárias, fazendo até outras pessoas sentirem o entusiasmo e a positividade com que toco a vida.

Quero deixar a provocação de que é possível ser altamente produtivo e ainda manter a leveza para todos ao meu redor. O oposto daquele pensamento de que tudo precisa vir com sofrimento, com ansiedade, com perda de saúde e de relacionamentos.

A outra observação bacana que esse participante me fez é que eu não deixo rastro de contradição, porque realmente consigo tocar a vida que quero ter. Isso acende mais uma luz, porque é parte do que desejei quando aceitei o compromisso de ser coerente todos os dias com meus valores fundamentais. Lembro que esse nem era o tema do evento, porém, qualquer que fosse o conteúdo apresentado, o astral e a atmosfera que se formaram marcaram aquele participante de uma forma diferente. Isso é *muito* importante para mim! É uma placa na estrada que reafirma que estou no caminho que quero seguir. Afinal, se você está na estrada a caminho da Bahia, saindo de São Paulo, e começa a ver placas indicando "Curitiba", é porque alguma coisa deu errado, não é mesmo?

VIVER A SUA VERDADE É VALIOSO

Ter uma conexão direta com nossas verdades, a ponto de ser base para todos os nossos argumentos, deveria ser natural para todo mundo. Contudo, muita gente nem se pergunta quais são as suas verdades, ou qual é a vida que deseja ter, o que deve fazer ou deixar de fazer para atingir os próprios objetivos, nem mesmo quanto custa essa vida ideal.

Frequentemente, reflito sobre o que preciso fazer para ser mais produtivo, com o menor esforço possível. Meu objetivo não é ser folgado, e sim otimizar energia e poder fazer mais coisas legais. Todas as empresas falam de inovação, a capacidade de fazer algo mais rápido, mais barato, mais inteligente. Por que não ter um olhar de inovação sobre a própria vida? Além disso, a natureza é assim: trabalha nas curvas de máximos e mínimos. Buscar o máximo de resultado trabalhando menos é eficiência. Procuro trabalhar por tempo e não por dinheiro, ou seja, escolho projetos que vão me dar mais tempo livre. Com esse tempo livre, posso escolher coisas legais para fazer, que por sua vez vou fazer gostando, portanto farei bem feito e, às vezes, até dão dinheiro. Logo, só inverti as coisas. O tempo é o recurso não renovável mais valioso que temos. O dinheiro sempre pode ir e vir; ser investido e se multiplicar. Mas aquele dia, aquela hora e aquele ano que passaram se foram para sempre.

Eu adoto como minha verdade gostar de ajudar os outros, não para "dar uma de bonzinho", mas porque acredito sem pestanejar que toda a ajuda que prestamos a alguém volta para nós. Não sei explicar como, mas volta, e a vida me provou isso em diversas situações. Simples assim.

BUSCAR O MÁXIMO DE RESULTADO COM MENOR ESFORÇO É EFICIÊNCIA.

Por isso, não importa o quanto a sua vida seja corrida ou o quanto você mesmo esteja precisando de ajuda, onde vir que pode ser útil para alguém, ajude. Ajude sem dó! Seja escutando seu filho com uma preocupação de criança, ajudando um funcionário a resolver uma burocracia ou respondendo uma mensagem de um desconhecido que chega pelas redes sociais pedindo um conselho. Você está cercado de pedidos de ajuda – aceite ajudar e veja o tamanho da transformação que vai acontecer na sua vida.

Sendo assim, com toda humildade, pensei: se eu compartilhar nestas páginas o que tem funcionado para mim, pode servir para alguém. Nem que seja para fazer a pessoa refletir e tomar alguma atitude, reclamar um pouco menos, pensar em alguma vibração positiva – ou até mesmo achar que estou errado e criar métodos ainda melhores para levar uma vida leve e produtiva. E pronto, me fez bem, senti que ajudei. O universo já devolveu!

ATITUDE TRANSFORMADORA

Ainda vou dividir muitos detalhes da minha trajetória com você, mas já adianto que nos últimos quinze anos invisto meu tempo em organizar aulas, palestras, encontros e reuniões entre pessoas que querem se ajudar. Meu tema-base é sempre a atitude transformadora de maneira leve. Nesses encontros, tem sempre alguém que me aborda e faz a pergunta de um milhão de dólares: "Sinceramente, não sei o que quero fazer da minha vida, não sei por que vim ao mundo. O que eu faço?"

A resposta mais simples é também a mais verdadeira: o que fazer da vida está dentro de cada um, e descobrir é o colorido de nossa passagem aqui na terra, de termos nascido na época e na família que nascemos, nesse país, nesse mundo. Entender o que você deveria estar fazendo é uma questão de se perguntar sobre seus valores fundamentais, seus talentos, suas vontades, as coisas de que gosta e, não menos importante, as coisas das quais não gosta.

Por isso devemos nos perguntar todos os dias: está legal? Está leve? Está interessante? Você está no controle? Está divertido? Se sente satisfeito? Sente que está andando para a frente? Se questionar não custa dinheiro e nem tira pedaço, então por que você não se pergunta se está curtindo a jornada diária? Se continua bom, ótimo! Você considera que está *em dia* com a vida? Espetacular. Agora, se está ruim, mude. Mas, por favor, *não reclame*!

Evite a todo custo desperdiçar seu tempo. O tempo é um bem não renovável. Ficar de bobeira observando a vida não é desperdício; o desperdício é passar o tempo reclamando ou com medo de agir. Nem sempre a gente sabe exatamente o que quer, então tem que refletir, se fazer perguntas, se alimentar de inspiração com livros, com filmes e com histórias de outras pessoas. Se estudar a vida de todo mundo que já passou pelo planeta, não vai encontrar uma única história de alguém que resolveu seus problemas reclamando. Use essa energia para montar um plano para melhorar.

A atitude transformadora tem a ver com a mudança sem reclamação. Se estiver ruim, mude, não reclame. Reclamar é não fazer nada, é ficar chafurdando na infelicidade, atraindo cada vez mais frustração. Temos que tomar muito cuidado para não cair na traiçoeira roda das lamentações. Quando nos lamentamos, a vida fica automaticamente pior – e ainda espanta as pessoas. Ninguém do bem gosta de ficar perto de quem se lamenta constantemente, nos causando um sentimento de culpa e a impressão de débito com aquela pessoa, deixando o relacionamento pesado. Melhor cortar esse ciclo e se lembrar da sorte que é estar vivo para ter problemas, porque só quem está morto não os tem. A falta de problema, sim, é um grande problema. Guarde isso em mente, pois vamos discutir o assunto no capítulo 5.

Para alguns, soa absurdo ter esses desejos sem ser rico, mas é muito mais absurdo que alguém passe a vida sem descobrir como quer viver seus dias, e se deixa levar pela correnteza. Quando finalmente se dá conta, pode correr o risco de estar em um negócio sem sentido, em uma cidade inadequada e em uma família que não escolheu. Além de tudo isso, ainda tendo o despertador ajustado por outra pessoa!

Não digo isso para influenciá-lo a criar sua própria empresa, ou a pegar uma malinha e se mudar para a praia amanhã. Esse tipo de mudança, se for mal planejada, faz você viver em função do seu negócio ou do estilo de vida. Sendo assim, acredito que o mais prudente é, primeiro, entender como você *gosta* de passar seu dia e como *não* gosta, para depois seguir com suas escolhas. Quem não sabe do que gosta, vai passar os dias do jeito *que der*. Imagina o risco? É viver com aquilo que sobrou para você, e não o que você escolheu.

O MÉTODO "NÃO RECLAME, MUDE" É COMPOSTO DE TRÊS PASSOS

Eu esvazio a mente e reflito, analiso, reavalio, e confiro regularmente se estou no caminho certo para ter o que comemorar com 104 anos. Pode parecer muito louco, mas, depois de usar esse método por muitos anos, descobri outro cara que também fazia isso: Jeff Bezos. Sabe o criador da Amazon, o homem mais rico do mundo? Pois então, quando Bezos trabalhava no mercado financeiro, em 1994, ele tinha o sonho de sair do seu ótimo emprego para abrir um comércio de livros na internet – e a internet na década de 1990 não era nem perto do que é agora. Ele conta em diversas entrevistas que o que o fez ter a coragem de sair de uma corretora de valores prestigiada em Wall Street foi se perguntar como ele se sentiria sobre isso aos 80 anos. Ele chamou essa estrutura de pensamento de *Framework* de Zero Arrependimento, que consiste em se projetar com 80 anos e dizer: "Ok, agora estou olhando para a vida que passou. Quero ter minimizado o número de arrependimentos que tenho. O que eu deveria ter feito?"[4] Assim, Jeff Bezos entendeu que não se arrependeria de sair do mercado financeiro, mesmo que tivesse que voltar depois, mas passaria a vida assombrado pela livraria on-line que nunca abriu. Ele estava certo: hoje a Amazon é parte da vida de quase todos nós, no mundo inteiro.

---

4 CLIFFORD, C. Jeff Bezos: This is what you are going to regret at 80. **CNBC**, 2 mai. 20218. Disponível em: https://www.cnbc.com/2018/05/02/jeff-bezos-this-is-what-you-are-going-to-regret-at-80.html. Acesso em: 29 jun. 2021.

No meu próprio *framework*, eu levo a aposta ainda mais longe, para os 104 anos. O que estou fazendo hoje está construindo a vida da qual este senhor vai se orgulhar? Afinal, a vida é uma coleção de dias; se estou vivendo uma coleção de dias ruins, não tem como viver uma vida boa.

A primeira empresa que abri quase quebrou diversas vezes. Contudo, o jogo somente acaba quando termina. Pense em quem você quer ser com 104 anos, do que vai se orgulhar e, enquanto não conseguir atingir o dia a dia ideal, continue tentando. Enquanto você não desiste, está competindo, tentando acertar, orgulhando o seu eu do futuro. Eu andava sempre na prancha, vivia no "quase fechando", até que uma venda me salvava. Se eu não tivesse acreditado, teria falido realmente, e talvez até mesmo desistido de ser dono do meu próprio negócio. Como não entregava os pontos, arrumava saída. É na hora que desiste que você quebra mesmo. Na vida pessoal, é na hora que desiste que você começa a falar mal da rotina. Começa a ansiar pelo "sextou", achando que será feliz somente no fim de semana, e passa acreditar que casamento é sem graça mesmo, por exemplo. Para quem desiste, parece que trava tudo, e a vida perde o sabor. Mas, enquanto tiver ar, você pode continuar respirando fundo, tentando, ajeitando. Continue se perguntando...

> *Como seria trabalhar me divertindo?*
> *Como não precisar fazer aquilo que eu não gosto de fazer?*
> *De quais outras formas eu poderia arrumar dinheiro para pagar por uma vida gostosa?*
> *Como seria a vida ideal?*
> *Eu tenho um plano?*

Essa última pergunta é a chave.

Já disse que meu lema é "Tá ruim? Muda! Mas não reclama". Contudo, sabemos que as mudanças não se dão da noite para o dia, elas precisam ser planejadas. Para fazer o plano, sugiro seguir estes passos:

1. Definir o que você quer e o que não quer;
2. Separar os problemas em departamentos;
3. Fazer sempre o seu melhor.

Vamos nos aprofundar nos três passos no capítulo 4. Costumo fazer esta pergunta básica nas minhas apresentações: "Quem, aqui, gosta de acordar cedo?" Eu insisto, sim, nessa questão da hora de acordar, porque, se você for como a maioria das pessoas, não vai levantar a mão, mas ainda assim, provavelmente, acorda cedo todos os dias. Então, por que é que acorda? Está apenas reproduzindo um sistema? Daí eu insisto: por que é que não dá para romper com esse sistema? É por causa de dinheiro? Já pensou em todas as alternativas para ganhar dinheiro acordando na hora que quiser? Vamos pensar em uma maneira de você poder ter esse "luxo"!

No começo do capítulo, pedi para você calcular quanto dinheiro precisa por dia e, consequentemente, por mês, para conseguir viver a sua vida ideal. Então, você já deve ter esse número na cabeça – senão, estabeleça agora. A chave para chegar nessa vida e conseguir esse valor é unir o útil ao agradável. É possível fazer essa escolha, porque você não pode ficar tranquilo, fugindo das suas responsabilidades, sem ter um plano que possibilite seus privilégios. Costumo falar tanto para estudantes quanto para empresários que defino como quero passar meus dias; depois, calculo o quanto custa essa vida. E aí, então, traço um plano para pagar por ela da forma mais fácil e gostosa.

Vou procurar o jeito mais difícil? Claro que não. Se eu não souber traçar meu contexto ideal, como vou direcionar minha jornada, tomar decisões mais acertadas? Acabaria sendo levado pelas circunstâncias. Além disso, querer separar o pessoal do profissional torna tudo mais difícil. Sempre digo que traço meu plano de vida, tanto no pessoal quanto no profissional, porque meus valores fundamentais são muito importantes, dão sentido a tudo o que programo.

Simplesmente não dá para dissociar o indivíduo da carreira, seja executiva, seja empreendedora. Ainda mais porque o empreendedorismo, para mim, é sinônimo de estilo de vida. Significa fazer coisas acontecerem em qualquer lugar ou contexto. No meu caso, escolhi trabalhar por tempo e não por dinheiro. Com tempo, posso aproveitar as oportunidades e reduzir ao máximo a parcela de trabalhos chatos apenas por dinheiro.

Por isso, estou sempre buscando projetos que deem o máximo de dinheiro com o mínimo esforço. Esse comentário chega a ser cômico. Mas, se você bobear, o que mais aparece são projetos que dão o máximo de trabalho e o mínimo de resultado. Você precisa deixar o radar ajustado corretamente, para não perder a vida em coisas que não frutificam – que não trabalham para o seu objetivo, para a sua vida ideal.

Tem que ser muito sortudo para ganhar dinheiro e coincidentemente amar a rotina de trabalho, ser apaixonado pelo que faz. Como não era o meu caso, resolvi separar. Invisto em projetos que me dão dinheiro, para poder comprar o tempo e, com esse tempo livre, fazer o que quiser. Posso até usar meu tempo para trabalhar muito, mas por opção. Fica mais leve, né?

Por que eu penso assim? Porque pus na minha cabeça que meu tempo é finito. Um Ph.D. em produtividade, autor de seis livros, chamado Neil Fiore, fecha comigo quando diz que "existe um mito de que tempo é dinheiro. Na realidade, tempo é muito mais precioso que dinheiro. É um recurso não renovável. Uma vez que você o gasta, e se usou mal, ele se foi para sempre".[5]

Tem gente que simplesmente desperdiça o tempo, como faz com a água e a luz. Desperdiçar tempo não é ficar à toa relaxando, não é dormir, descansar e ter momentos de lazer, mas sim reclamar da vida, investir em brigas desnecessárias, ter medo de agir, se sabotar. Eu gosto de colecionar bons momentos, fazer o que eu quero na hora que eu quero. Esse é o meu ideal. "Ah, quero ficar olhando aquela vista ali." "Ah, quero desenhar com minhas filhas em uma terça-feira qualquer." Beleza. O segredo é arrumar um jeito de pagar a conta.

Primeiro, escolha a vida que deseja ter. Depois, busque compreender como fechar essa conta. Cuidado: se você ganhou muito status e/ou dinheiro, mas está sofrendo, talvez o plano precise de um ajuste.

---

5 FIORE, N. *apud* SODIPO, E. **Project Management Explained**. Raleigh: Lulu, 2009, p. 22.

Para alguns, chega a angustiar ouvir que para ter uma mudança de vida você precisa trabalhar naquilo de que gosta, que vai dar certo. Parece simples, não? Mas e se a pessoa não sabe do que gosta ou para o que nasceu? O que fazer? É impossível entrar na vida de alguém para dizer o que deve ou não fazer, mas deixo uma sugestão: o começo do mapa está sempre nos seus valores fundamentais. Eles são ótimos guias. Quer acordar em qual hora? Quer rotina ou não? Quer morar onde? Quer ter paz? Quer montar família? Quer estar perto dos filhos? Reinventar o negócio da família? Melhorar a sua cidade? Mudar o mundo? Se expressar artisticamente? Ou ainda, juntar um monte de dinheiro? Para mim, a medida ficou em tentar ganhar dinheiro o suficiente para não ter que pensar em dinheiro. Não tem jeito certo ou errado, só tem que fazer sentido de verdade com seus valores!

NO MEU CINTURÃO DE HABILIDADES TEM A HORA DE...

1. Sorrir, mesmo que precise forçar no espelho de manhã até pegar no tranco. Só de sorrir, a situação já parece melhor. Sorriso quebra resistências.

2. Ser cara de pau e ir falar com as pessoas mais "tops". Toda chance é única. Se estiver com medo ou vergonha, encene que não está, e vá!

3. Ousar, porque a vida passa muito rápido. E é sempre bom ver como me saio fora da zona de conforto.

4. Ficar quieto quando for a melhor resposta. Engolir sapo, respirar fundo, é uma atitude a ser considerada.

5. Praticar a ajuda ativa. A consequência é trazer energias, amizades e negócios maravilhosos. Então, ajude, ajude e ajude.

6. Usar a régua de tensão proporcional: problema pequeno com reação pequena. Ter um problema não significa que todas as áreas da vida estão com problemas. Não faça propaganda de problemas, ou vai poluir suas áreas boas. Separe cada departamento!

7. Esvaziar a mente antes de dar um conselho, para ser o mais neutro possível. E, diante de um pensamento ruim, "empacotar" e jogar para o sol.

8. Elogiar sem medo, dizendo "gostei de você" e "você faz isso bem".

9. Vender. Afinal, a venda sempre me salvou!

A partir do próximo capítulo, vou detalhar minha jornada profissional até os dias de hoje, incluindo as empresas por onde passei e os projetos que criei. E vamos explorar essas habilidades a fundo, para que você perceba o que serve para sua realidade, aplicando do seu jeito.

Reforçando: está feliz? Ótimo. Está ruim? Muda.

3

O QUE VOCÊ QUER E O QUE NÃO QUER

> *Meus passos para trabalhar (em qualquer coisa e lugar) com atitude e entusiasmo:*
> *1. Penso nos meus valores fundamentais;*
> *2. Visualizo aonde pretendo chegar;*
> *3. Descubro um caminho para colocar a roda para girar de maneira independente do meu tempo.*

Você conhece a metáfora da estrada à noite? Ela ensina que, mesmo sabendo aonde quer chegar, você liga o farol e só vê vinte metros. Depois mais vinte metros... E assim vai seguindo e descobrindo a estrada conforme avança. Essa metáfora é fruto da sabedoria popular, que a gente tem de respeitar, e muito verdadeira. Ao pegar uma estrada à noite, especialmente se for a primeira vez, mesmo com toda a tecnologia, ninguém sabe com certeza como ela é de ponta a ponta. Afinal, nunca fez o percurso antes – e sem contar os imprevistos! A gente só sabe aonde quer chegar, e vai vendo o caminho conforme surge.

Então, o que se consegue fazer é acender os faróis e enxergar os próximos vinte metros. Depois de vencidos esses vinte metros, o farol ilumina mais vinte. Você não vai visualizar a estrada inteira antes de percorrê-la. Mas, mesmo assim, segue em frente.

É normal se atrapalhar com alguma placa. Talvez você pegue um trecho com neblina. Mas, por saber qual é o seu destino final, vai recalculando a rota, prestando atenção nas placas e conferindo o mapa de tempos em tempos até se achar. Foi o que vi acontecer comigo nos primeiros anos de vida profissional. Era como se me sentasse ao volante, acendesse o farol e pegasse a estrada, enxergando de vinte em vinte metros.

Eu me identifiquei com essa metáfora, porque, ao longo da vida, sempre comecei a fazer alguma coisa e fui avançando, mesmo sem conhecer completamente o trajeto. Só sei o que estou querendo achar. É o que chamo de atitude. Atitude de ir procurando a coisa certa, como fiz no meu início de vida profissional, dos 18 aos 25 anos.

Como disse o poeta espanhol Antonio Machado: *"Caminante, no hay camino, se hace camino al andar"* – em tradução livre, "Caminhante, não há caminho, se faz caminho ao andar".[6]

Quem tem os valores claros acaba colecionando excelentes histórias enquanto avança na estrada. É a pessoa que, além de produzir para ganhar a vida, se diverte no caminho. Faz o que lhe dá prazer. Se você está envolvido em um estilo de vida só por causa do dinheiro, imagino que o ideal seja ter um plano de concluir esse ciclo e começar a tornar o cotidiano prazeroso assim que puder, ou vai acabar consumindo toda sua vida em um modelo vazio.

Atitude top: saber o que e para que eu quero fazer.

SOU RICO SEM SER RICO

Recentemente, cheguei a essa conclusão: eu sou rico, independentemente de dinheiro. Acabei montando uma vida de rico sem ser rico, porque, para mim, a frase "rico é quem tem tempo" é verdadeira. O que é ser rico para você? Se ainda não se fez essa pergunta, deveria. Para mim, é fazer o que eu quero, na hora que eu quero. É poder transitar pelos vários aspectos da vida com autonomia, sem precisar pedir licença para alguém porque hoje preciso ir para casa ficar com a minha filha, nem sentir que estou perdendo oportunidades porque todo o meu tempo está investido no mesmo negócio.

Por isso, sugiro pensar com cuidado sobre "quanto mais, melhor". Às vezes, o foco no acumular por acumular pode não fazer muito sentido.

6 MACHADO, A. XXIX. **Proverbios y cantares**. Madrid: El País, 2003.

Acumular dinheiro, acumular responsabilidades, bens, problemas e complexidades pode fazer você envelhecer dez anos em um. O melhor é saber o quanto quer. Como nos perguntamos no capítulo anterior: de quanto precisa para viver como quer?

Se estou em um modelo de vida gostoso, com as contas pagas, sem ninguém preocupado com a hora em que eu acordo e com tempo livre para fazer o que gosto, o que mudaria se me dessem uma, duas, dez vezes mais do que preciso em termos de dinheiro? Minha vida não melhoraria na mesma proporção. Ou seja, se já tenho a vida que quero, o dinheiro perde um pouco a força, concorda? E mais – leia com muita lucidez –, às vezes, mais dinheiro pode até piorar uma vida que está boa. Por exemplo, você pode ter uma estrutura complexa e desgastante de administrar ou ainda viver com a sensação de medo de perder o conforto que conquistou.

Você não está achando que eu vou dizer que dinheiro é ruim, né? Jamais, dinheiro é ótimo! É um viabilizador para você fazer o que quer. Estou dizendo que cada um tem o seu número e o seu nível de dependência dessa quantidade de dinheiro. Afinal, se não fosse o caso, não veríamos pobre feliz e rico deprimido. Em outras palavras, meu chip já é programado para estar bem com ou sem recursos. Estando rico ou pobre, me programei para estar sempre bem. Quando pergunto nas minhas apresentações "Como é que você quer passar seu dia? Amanhã você vai fazer o quê?", eu poderia responder: "Ah, vou até acordar cedo para assistir a uma palestra incrível em São Paulo, depois marquei reuniões superlegais. Por volta das 4 horas da tarde, quero ir ao cinema e, depois, jantar na casa da minha tia. No dia seguinte, vou acordar na hora que quiser, fazer uma visita surpresa a um amigo antigo e voltar para Catanduva para encontrar minha esposa, ainda a tempo de buscar minhas filhas na escola."

Esse é o meu dia a dia ideal. Sei o quanto custa, não é um número absurdo. Agora, se eu emendasse com "E no final da semana vou para a Europa, onde passarei oito dias", precisaria de mais dinheiro, de um plano mais engenhoso para pagar essa conta.

A renda que gero vendendo e empreendendo me dá uma vida que acho legal e ainda mantenho uma reserva financeira para não precisar depender de ninguém e continuar acordando na hora que eu quiser, mesmo com algum imprevisto. Claro, ganhar o dobro seria espetacular, mas, se não ganhar, tudo bem e sem estresse. Sempre mantenho minha linha mestre de estar no controle do tempo. Não vale a pena uma corrida desenfreada para algo além da vida que quero ter, para além daquilo que realmente me faz feliz e me traz paz.

Ganhar cem vezes mais? Qual é o preço disso? Vou ter que abrir mão do quê? Tempo, saúde, relacionamentos? Vou pensar muito antes de aceitar ganhar cem vezes mais. E sabe do que mais? Se eu não gostasse tanto de viajar, seja para me divertir e fazer negócios, ou viver novas experiências, conhecer gente e passear com a família, meus dias custariam mais barato ainda.

Cada um tem suas verdades, e elas devem ser respeitadas. Por isso que perguntei para você no último capítulo qual é o seu custo mensal para viver a sua vida ideal. E agora completo: de quanto você precisa para ficar bem? Como disse há pouco, eu tenho um número aproximado que me satisfaz. Se dobrar, vai dar mais um respiro, mas garantindo sempre a paz interior que eu já tenho. Meu plano, então, é crescer de maneira saudável. Construir reserva de emergência, investimentos, sempre respeitando a vida que eu vejo como ideal, que me traz saúde física e emocional e muita leveza.

Tive uma lição sobre isso, certa vez, com um senhor dono de um grande empório da capital paulista. Cheguei lá em uma missão comercial com um pessoal da Espanha, que ficou impressionado com o que esse fundador havia construído. Um dos empresários gringos comentou nunca ter visto um supermercado daquele porte, com aquele posicionamento incrível. Parabenizou muito o senhor. Mas, intrigado com o fato de só existir uma única loja, o espanhol perguntou ao dono:

— Nossa, por que ainda não montou outras, não criou uma rede?

— Para quê? — retrucou imediatamente o sábio senhor.

Repare na resposta divina. Se ele monta uma segunda loja em outra capital – no Rio de Janeiro, por exemplo –, vamos supor que dobre o seu patrimônio, porém também dobraria a quantidade de problemas para resolver. Aquele dinheiro a mais não mudaria a vida dele para melhor, porque ela já é boa. Será que valeria a pena? São essas reflexões que fazem toda a diferença.

No fundo, o padrão "quanto mais, melhor" pode aprisionar, em vez de trazer liberdade. É perigoso. Qual é a vida que você quer ter? Ter leveza nela é importante? Eu, facilmente, poderia ter me amarrado a um monte de coisas, mas o preço disso poderia ser não ver minhas duas filhas crescerem. Isso, para mim, na minha régua pessoal, não vale a pena.

Tá ruim? Mude. Não reclame. Volte para os seus valores básicos e recalcule a rota. Na hora que você traçar quanto precisa alcançar de dinheiro para viver um dia a dia gostoso, ter uma certa segurança, fazer viagens, morar com conforto, formar família e se divertir, seus caminhos começam a clarear e o plano vai surgir. Os próximos vinte metros vão se revelar!

FICAR SEM DINHEIRO É (COMPROVADAMENTE) RUIM

Falo muito sobre ter dinheiro ao mesmo tempo em que entendemos que ele não compra a nossa paz, mas sei que o outro extremo é *muito* ruim. Tudo fica difícil sem dinheiro – eu sei disso porque já fiquei sem ele em diversos momentos da vida. Uma das minhas histórias inesquecíveis teve um abacaxi como solução. Em 2004, eu estava morando em São Paulo, tentando começar a vender uma marca de cachaça que havia criado com dois amigos, o Eduardo e o Rodrigo, e não tínhamos dinheiro para pagar quase nada.

Em um dos dias de maior aperto, eu estava na badalada rua Oscar Freire em São Paulo, de terno, porque meu pai me ensinou que, para vender bem, eu tinha que vender sem estar precisando vender, então no mínimo tinha que estar bem-vestido – aliás, depois calibrei esse estilo, pois temos que estar sempre um pouco mais bem vestidos do que o nosso cliente, mas não muito! Nesse dia, eu estava tentando vender nossa cachaça Mito Brasil no Hotel Emiliano. Na saída, quase 7 horas da noite, sem nenhum real no bolso, o cartão de crédito zerado, cheque muito menos, e nenhuma comida em casa, minha situação já estava delicada. Eu me perguntei: "O que vou jantar?" Estava morando em São Paulo para tentar conquistar meu espaço. Graças a Deus, eu podia voltar para Ribeirão Preto de cabeça baixa, pedir ajuda aos meus pais, mas falei a mim mesmo: "Não. Vou resolver esse negócio agora! Como é que se janta sem ter nenhum dinheiro?"

Aí, fui olhar as cartas que tinha na mão. O que eu tinha na mão? Bom... nada. Até a amostra da cachaça eu havia deixado na reunião, dentro do hotel. Mas sempre faço assim: respiro fundo, quantas vezes precisar, até me acalmar e voltar para o meu centro, onde dá para pensar melhor. Com calma, as coisas vão se encaixando. E foi assim.

Avistei um caminhão lotado de abacaxis passando devagarzinho. Brinco que era um anjo pilotando aquele caminhãozinho antigo. Parei o motorista, chamei de "meu amigo" e perguntei o preço de um abacaxi. Como estava em frente a um hotel, disse a ele que havia acabado de chegar de viagem, então só tinha dólar – só não precisei entrar em detalhes que eu tinha exatamente um único dólar, aquele da sorte, que eu guardava dentro da carteira.

— O que eu vou fazer com dólar? — perguntou o motorista.

— É da sorte. Não é para gastar, é para guardar na carteira e atrair coisa boa — justifiquei.

— Tá bom — respondeu ele.

— Então eu quero aquele ali, bonitão.

Peguei o abacaxi enquanto pensava em como era ruim não ter dinheiro. Meu jantar estava garantido naquela noite, mas o caminho pela frente ainda era muito longo. Não é que mudaria alguma coisa nos meus valores essenciais, mas ficar sem nada torna tudo mais difícil, lento. Você não tem liberdade para fazer acontecer. Naquele momento decidi que nunca mais queria passar aperto na vida. Já experimentei, é ruim. Não quero ficar sem ter o que comer.

Graças a essa batalha do abacaxi, me caíram algumas fichas. Uma das melhores e que divido com você: filtrar melhor os projetos e principalmente as pessoas com quem vou me envolver. Andar com gente boa faz toda a diferença. Passar sufocos financeiros faz você ficar mais seletivo e ir direto ao ponto. Com essa decisão, você vai ganhando maturidade, e a sua postura acompanha. Daí as mágicas acontecem.

Viver na dureza era algo que eu não queria mesmo e esse "não querer" impacta em pôr no plano certas mudanças de atitude. Uma coisa é a preocupação de precisar reunir um montante para saldar um compromisso que bate de surpresa à sua porta, pode acontecer com todos nós. Outra coisa é a percepção consciente de que eu não quero mais passar por isso. Não é que o dinheiro fosse o centro da minha vida, mas não o ter ficou fora do meu plano. Estava decidido a não precisar negociar um abacaxi por um dólar da sorte, nem ficar sem luz, como também já fiquei várias vezes.

UM DELICIOSO RISOTO DE CAIPIRINHA

Nessa época que eu morava em São Paulo, preparava, dia sim, dia também, uma deliciosa combinação de arroz com cachaça e limão. Cardápio único, afinal, era melhor que um abacaxi. Não tinha mais nada na despensa. Eu e o Eduardo, meu sócio, comíamos aquela receita tão simples, apelidada de risoto de caipirinha, felizes da vida. Apesar da situação financeira precária, eu estava no controle e sabia qual era o meu caminho: vender até conseguir sair do aperto, sem deixar o bom humor ir embora.

Eduardo, o primo dele – que era arqueólogo – e eu dividíamos um apartamento apertado, mas "grandioso" como coração de mãe. Por não ter cortinas, a claridade e o calor nos obrigaram a batizá-lo carinhosamente de "República Amianto". Estávamos em uma situação complicada, mas tentávamos manter o humor e não nos concentrar nos problemas, porque tudo em que colocamos atenção cresce.

Para saldar as contas, eu tentava vender nossa cachaça em bares, hotéis e restaurantes, em todos os locais possíveis e imagináveis. Mesmo assim, por falta de pagamento, de vez em quando vinha um cara cortar a luz.

— Meu amigo, não corta hoje, não! — apelava, com justificativas, sorrindo e chegando até a dar uma garrafa da nossa cachaça de presente.

Sem luz, não dava. Chegou uma hora em que tomamos uma atitude: tivemos a ideia de escrever na parede da casa quais eram as nossas prioridades. Partimos para uma pergunta simples e direta, que um fez ao outro: "o que não poderia faltar?" Chegamos à conclusão de que não poderiam faltar três coisas: papel higiênico, luz e comida para as nossas duas tartarugas de estimação – a Marilda e o Gilmar. Mesmo tendo noção da nossa situação difícil, sempre levamos de maneira leve, dando risada de nós mesmos.

Tenho ótimas lembranças dessa época, que me ensinou muito sobre como lidar com dinheiro, sem desprezá-lo, nem viver em função dele. Aprendi a ter equilíbrio emocional para viver com pouco, se necessário, a recuar e avançar quantas vezes precisar, sem perder a alegria de viver. É preciso estar bem mesmo se faltarem as melhores coisas da vida. Se sentir que está difícil ficar bem, acesse todos os dias aquela verdade fundamental que falei no capítulo 1: não era nem para estarmos aqui, estamos no lucro. Lembra? Se precisar, escreva em um papel e cole na geladeira ou no espelho do banheiro, só não se esqueça de que, por pior que esteja a situação, estar vivo é sempre estar no lucro.

Sem um direcionamento claro, eu ficaria batendo cabeça e não pagaria a conta da vida que eu desejava ter. Por isso manter o coração em paz, estar bem e montar um plano é fundamental. E destacar nele as minhas necessidades básicas, mais ainda. Se não fizermos isso, quem fará por nós?

POUCO TRABALHO E MUITO DINHEIRO

Eu gostei de cada emprego que tive, mas com o passar do tempo fui entendendo como eu queria passar meu dia e como *não* queria passar o meu dia. Antes de estar engajado em um projeto que envolvesse propósito, legado e impacto global, eu queria apenas ter o controle do meu tempo. Ou seja, eu tinha que resolver a equação de trocar tempo por dinheiro. Tinha que ter tempo livre, para fazer o que realmente gostava. Mente livre, pressão zero.

Pensei comigo: "Tenho que procurar negócios em que eu possa agregar de forma que tomem pouco tempo recorrente e gerem o máximo de dinheiro possível. Pode ser que eu não ache. Mas... e se eu achar?" Se eu encontrasse projetos que tomassem pouco tempo e dessem algum dinheiro, poderia ter vários ao mesmo tempo. Receberia mil reais aqui, quinhentos reais ali, 3 mil reais naquele outro, poderia ir montando uma carteira de empreendimentos e de iniciativas em um esquema para não ficar dependente de nenhum. Com base no preço da vida que eu queria ter, só precisava montar uma carteira de projetos para resolver o tema "dinheiro" na minha vida – para a maioria das pessoas, é apenas um sonho, mas para mim era um objetivo e um plano. Eu não conseguiria ter 100% do meu tempo livre, mas poderia conseguir 30%, 50%, 70%, o que já era excelente!

Na vida, as coisas sempre têm dois lados opostos: o positivo e o negativo, o claro e o escuro, o bom e o ruim. Com os negócios, não é diferente: existem os que dão pouco trabalho e os que dão muito trabalho, os que dão menos dinheiro e os que dão mais dinheiro. Qual cruzamento de caminhos você escolhe? Acabei percebendo que a relação entre a quantidade de horas que se dedica a um negócio e a quantidade de dinheiro que ele dá está longe de ser diretamente proporcional.

É possível fazer o seu trabalho gastando um tempo gigantesco, pondo um esforço gigantesco, mas rendendo pouco dinheiro. Esse caminho, aliás, é o que a gente mais encontra, corre atrás do nosso pé que nem praga. Tem gente que passa a vida inteira assim.

Também é possível que você consiga fazer o seu trabalho gastando pouco tempo, pouco esforço, mas resolvendo o problema de alguém que vai pagar caro e ainda ficar superagradecido. Resumindo: existem negócios que dão muito trabalho e muito dinheiro; que dão muito trabalho e pouco dinheiro; que dão pouco trabalho e pouco dinheiro. A boa notícia é que, graças a Deus, também existem negócios que dão pouco trabalho e muito dinheiro!

Para chegar a essa conclusão, é claro que tive de começar trabalhando muito – e, na maioria das vezes, por pouco dinheiro. Fui tentando, e nunca desisti. Não dava para ficar esperando que aparecesse na minha casa um pacotinho pronto dizendo "trabalhe pouco e ganhe muito".

Pelo que conto aqui, você pode estar pensando que faço pouca coisa no meu dia a dia. Muito pelo contrário: faço um monte de coisas vistas como trabalho, porém a grande sacada é poder escolher o que fazer. Fica muito mais gostoso – é a tal leveza produtiva.

É garantido que, para quem está procurando a coisa certa, fica muito mais fácil encontrar. Se mentalizar que quer negócios que tomam pouco tempo e dão muito dinheiro, ficando atento a todos os sinais, será mais fácil achar o caminho do que se deixar a onda levar. Lembrando que, quando digo "muito dinheiro", me refiro ao montante de que preciso para ter a vida que eu quero.

No fim da linha, todo mundo encontra o que está procurando. Já ouvi que "o que você procura está procurando você", frase que acredito que tem muita força e que, para mim, fez uma grande ficha cair. O que desejamos também procura por nós – estamos sempre no caminho de encontrar aquilo que buscamos e, por mais dificuldades que encontremos, sempre acabamos chegando lá. Sem desejar e buscar, é quase impossível. Você só será encontrado pelo o que não está procurando se for muito sortudo, e não é o caso da maior parte das pessoas.

Eu já havia trabalhado em turnos, e um deles me obrigava a acordar às 3 horas da manhã, além de levar quase uma hora para chegar ao trabalho. Eu não gostava. Também fujo de rotinas, porque aprendi que gosto de ter a agenda livre ao máximo, para encher de coisas legais para fazer, quando e como eu quiser. Contudo, no caminho de descobrir o que queria e quem eu realmente era, precisei passar por isso. Por dificuldades financeiras, por contratos de trabalho que não combinavam comigo, por obrigações e momentos de pressão. A partir do momento em que tive clareza do que precisava para ter a vida ideal, foi como ver o mar se abrir. Eu já sabia o que procurar. Assim, fui caçar esses projetos que me sustentassem exigindo o menor tempo possível.

Resumindo, com tempo livre e sem dever satisfação a ninguém, você faz o que tem que ser feito: encontrar sua missão, o tão falado "fazer o que ama"! Não interessa o que seja. Isso me lembra de uma outra história popular que escutei por aí. Disseram para uma freira que estava cuidando de leprosos:

— Freira, eu não faria esse trabalho por dinheiro nenhum!

A religiosa respondeu:

— Eu também não!

No final, ser feliz se trata disso, não é mesmo?

CRIE O MAPA DA SUA VIDA

Quando sinto que estou muito frustrado ou pressionado, começo a me fazer perguntas. Tenho o hábito de me perguntar: "por que estou fazendo isso?" Se vou "apertando o cerco" comigo mesmo, a cada justificativa que dou, percebo que preciso voltar à simplicidade, limpar qualquer complicação ou impasse. Daí acontece a mágica. A solução muitas

ATITUDE TOP: SABER O QUE E PARA QUE EU QUERO FAZER

vezes estava mais fácil do que eu imaginava, mas eu tinha deixado a vida poluir tudo com coisas que eu mesmo criei – obrigações, expectativas, desejos que fugiam dos meus valores.

Meus valores são claros, e tudo o que vejo é através dessas lentes: há uma série de situações comuns que costumam gerar reclamações, mas que podem ser vistas de forma mais positiva, apenas usando atitude e bom humor. Se posso mudar, vou lá e mudo. Se não, paciência. Não brigo com a vida e não reclamo. Tenho até medo de reclamar. Amanhã pode acontecer um problema tão pior que eu desejaria voltar para hoje!

Eu gosto de ter meus lemas – se achar legal, pense em criar os seus. Deixe que eles sejam a sua motivação diária, porque, quando bem escolhidos, os lemas servem de atalhos e rumos para as ideias. Eu procuro deixar um mapa da minha vida na parede do escritório, para nunca esquecer quais são meus valores, o que é um tesouro para mim e o que é apenas uma moedinha de lata. O mapa da vida nos ajuda a entender a gravidade real dos problemas, a montar os planos para o futuro e a tomar decisões sem sair do nosso caminho. Vamos ver, a seguir, como montar um.

O mapa da sua vida é o diagrama que você vai fazer para estabelecer suas prioridades, para depois fazer um mapeamento dos seus projetos de acordo com isso. Em vez de ficar explicando e correr o risco de ser abstrato demais, vou mostrar para você o mapa da minha vida.

O QUE VOCÊ QUER E O QUE NÃO QUER

LEGENDA
Saúde
Carolina: Minha esposa.
Ana Luiza: Minha filha mais velha.
Ana Helena: Minha filha mais nova.
Eduardo: Eduardo Bredarioli, meu grande amigo/irmão, que mora na Espanha.
100%: Apelido da minha turma de amigos da época de colegial.
Família: Círculo de primeiro grau.
Amigos: Os que contamos em uma mão.
FIN 40/90: Saúde financeira na fase dos 40 anos, focando acima dos 90 também.
Viver: Sensação de viver e aproveitar a vida.
Realização: Sensação de realizar.
Legado: Sensação de deixar um legado.

Você vai ver que a paz está no centro de tudo, porque em todas as coisas é preciso ter paz, meu valor máximo. É a paz a vibração na qual eu gosto de passar meu dia. Pessoalmente, acredito ser uma ótima frequência para lidar com nossos relacionamentos, nosso trabalho e nosso dia. O que estabeleci ao longo da vida é que nada vale minha paz, e por conta disso ela precisa ser o centro do meu diagrama. Em volta da paz está tudo aquilo que é importante para mim. São as coisas das quais não abro mão: minha saúde, afinal, preciso estar bem para conseguir ajudar as outras áreas; o lado financeiro sob controle, para não faltar no curto e nem no longo prazo; a sensação de estar aproveitando a vida; a sensação de estar realizando coisas; a sensação de estar deixando um legado; a sensação de estar conectado com a família e amigos; o sentimento de ter um núcleo sólido de amor e união com minha esposa e minhas filhas. É como se eu morasse no "planeta" paz e eles fossem as luas orbitando à minha volta – o meu sistema só existe quando tudo isso está funcionando bem, sem deixar nada para trás. Eu o convido a entender qual é o seu sistema solar, o que está no centro e o que são os planetas ou satélites, que são seus valores máximos.

Agora vamos a outro mapa. Enquanto o primeiro equivale a uma fotografia do que são os meus valores, o segundo é como a vida está neste momento – é o mapa que consulto o tempo todo, para ver se está tudo bem calibrado entre os "porquês" de cada coisa, o equilíbrio de esforço e relevância. Quais projetos estão rolando? O que existe para você dar a atenção? Já experimentou desenhar sua vida, para ver como ela está? Saber o que está consumindo mais sua energia e tempo? E o que está precisando de atenção? Aqui, compartilho o modelo que criei para organizar visualmente esses diversos contextos da minha vida. A avaliação regular não apenas mostra a situação de meus vários negócios, como facilita meu equilíbrio entre as esferas pessoal, familiar e profissional.

MINHA VERSÃO DE VIDA IDEAL

Vida gostosa, tranquila, equilibrada, evolutiva, significativa, prazerosa, interessante, produtiva, agregadora, empreendedora, com humildade, do bem, generosa e em paz.

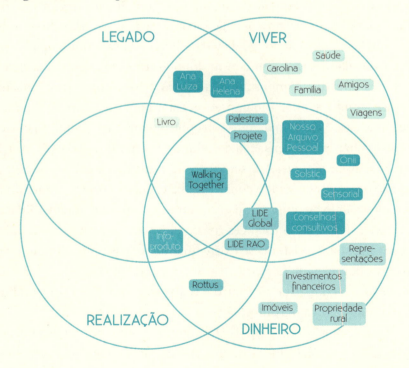

Logo em cima eu deixo bem claro como quero que seja a minha vida ideal. É para nunca esquecer. Vou repetir aqui, porque nunca é demais:

gostosa, tranquila, equilibrada, evolutiva, significativa, prazerosa, interessante, produtiva, agregadora, empreendedora, com humildade, do bem, generosa e em paz.

Abaixo, há quatro círculos com minhas áreas fundamentais: viver, dinheiro, realização e legado. Essas áreas não funcionam separadamente, elas se cruzam, porque muita coisa que dá dinheiro também traz a sensação boa de viver a experiência, tem realização que também deixa um legado, e outras combinações.

Viver é tudo o que me faz sentir vivo, que me dá a sensação de que a vida não está passando em vão, que me traz alegria e faz valer a pena. Dinheiro nem precisa explicar, né? Eu incluo ali as coisas que toco e que me dão o "tempo" de que preciso para ter a vida que quero. Realização é o que vejo sendo construído, me traduz como empreendedor, dá aquela sensação de dever cumprido e evidencia o resultado do meu trabalho. Legado é o que vou deixar para o mundo – de forma pura, por exemplo, são minhas filhas, que eu amo muito e crio para o mundo, para que, mesmo depois que eu for embora, elas sejam pessoas boas e felizes.

Com essa estrutura, comecei a distribuir tudo o que tem minha atenção. Desde os projetos que me dão exclusivamente dinheiro e que são importantes para me dar o tempo, como por exemplo, imóveis. Não vejo nenhuma graça em ter imóvel alugado, é só pelo dinheiro, não me faz sentir vivo. Não é menos importante, mas é um interesse puramente financeiro. Incluo aí ainda alguns outros investimentos em *startups*, algumas representações comerciais e outras frentes que existem apenas pelo dinheiro.

Porém, tenho alguns projetos que dão dinheiro, e que não são realizações, sequer deixam legado, mas são gostosos de vivenciar. Por exemplo, os conselhos de empresas de que participo, onde consigo contribuir, aprender, trocar ideias e gerar negócios, e algumas outras representações comerciais.

Tem também a distribuidora da qual sou sócio-fundador, a Rottus: ela é uma realização, tem a ver com dinheiro, mas está claro que não é muito legal de vivenciar, é só uma distribuidora.

Tem também a minha atuação no LIDE Global e no LIDE Ribeirão Preto, que é uma realização. Mesmo não vendo como meu legado, me dá dinheiro e é muito legal de viver, pois nisso conheço muita gente interessante, tenho várias experiências e momentos únicos. Ficou bem no meio, porque tem um legado forte, é uma experiência muito legal de viver, é uma realização, é palpável e pode dar dinheiro. Interessante, não é? Tipo meu próprio *ikigai*.[7]

Para fechar minha "mandala", viver puro é o que existe de mais importante, é o verdadeiro "tic tac" da vida: minha saúde, minha esposa, minhas filhas (que estão na intersecção com o legado), meus amigos, minhas viagens. O viver é uma área que muitas vezes é ignorada por pessoas de sucesso, mas que sempre volta para cobrar a nossa negligência. Uma pessoa com muito dinheiro, mas sem saúde ou sem amor, é muito infeliz – o dinheiro passa a não valer absolutamente nada.

Nesse mapa coloco todos os pratinhos da minha vida, os quais estou sempre rodando para que não caiam, como um malabarista. Testei várias organizações até chegar nessa disposição e sempre anoto em cima a minha missão, porque, na hora que um projeto novo chega, eu me pergunto se ele se encaixa no meu modelo ideal de vida. Preciso sempre me perguntar: "por que estou fazendo isso?". Repare que não tem nada que eu faça só por fazer, que não me dê experiência de vida, legado, realização e nem dinheiro. Eu sei por que faço cada coisa na minha vida, para onde vai cada minuto, e com essa clareza eu posso abrir mão de muita coisa que me oferecem, porque sei o que importa. Se algo só dá trabalho, não agrega em nenhum círculo, me sinto livre para cortar sem culpa. Serve também para analisar quanto tempo cada coisa consome e comparar com a relevância daquilo na minha vida.

Rascunhe o seu mapa. Olhe para ele, veja suas prioridades, sem medo de mexer, ajustar, tirar coisas chatas e sem sentido frente a seus valores fundamentais, ou, ainda, colocar umas novidades, coisas legais, empolgantes e até mais rentáveis. É a sua vida, o seu tempo, os seus sonhos, e temos que ser o "senhor" absoluto de tudo isso. Não

---

7 Ikigai é um termo japonês que significa, em resumo, a razão para viver, a razão pela qual alguém acorda todos os dias pela manhã. É o propósito ou um conjunto de propósitos. Para mais informações, veja: https://fia.com.br/blog/ikigai/.

podemos deixar de fazer o bem para nós mesmos. É a velha analogia do avião: coloque primeiro a máscara em você, para poder ajudar o outro na sequência. É melhor tanto para você quanto para os outros.

A primeira associação que faço com a palavra "dono" é ser dono da própria vida. Importante: isso não tem nada a ver com ser dono de empresa, mas do seu tempo, das suas escolhas. Não existe um jeito certo ou errado. Tem que estar certo para *nós*. Podemos encontrar nossa liberdade (ou a falta dela) em qualquer cenário, com CNPJ, carteira de trabalho, concurso público ou NDA. As pessoas vão transformando a realidade do jeito delas. Algumas à frente de seus negócios, caminho que eu escolhi. Outras, buscando uma plataforma para implantar suas ideias dentro de empresas, o intraempreendedorismo. Todos os caminhos são válidos, mas você precisa encontrar o seu, aquele que faz sentido com o seu mapa de viver, realização, dinheiro e legado.

A segunda associação você já sabe: ser dono do próprio tempo. Sinceramente, abro mão de dinheiro, mas não consigo abrir mão do controle do meu tempo. Para mim, o ideal é trabalhar a hora que eu quiser, de onde eu quiser e o quanto eu quiser. Como já falei, mas vale repetir, gosto de ter diferentes projetos em que não troco tempo por dinheiro. Tenho pavor do termo "hora-homem", simplesmente porque meu tempo é finito. Por isso, sempre ajustei meu radar para projetos que tinham recorrência, que usavam a criatividade e que não me consumiam das 8 às 18 horas em uma rotina maçante.

EMPREENDER PODE SER DE VÁRIOS JEITOS

"Empreendedor" é uma palavra complicada de pronunciar. Eu prefiro "dono". Gosto mesmo é de ser dono e de pronunciar essa palavra dando ênfase sonora ao primeiro "o". Experimente falar assim, veja como é gostoso: "eu quero ser dono, e em primeiro lugar da minha vida, do meu tempo".

Estamos falando de um estilo de vida empreendedor, fazedor, inovador, criador, realizador. Não tem jeito certo ou errado, pode ter a atitude empreendedora dentro de uma empresa pública, privada ou do terceiro setor. Se está feliz, está certo. Se está infeliz, está errado. O mantra permanece: está ruim? Muda! Não reclama.

Se o profissional tem perfil para ser dono, mas está trabalhando dentro da empresa de alguém, precisa fazer o seu melhor para, primeiro, ter uma vida boa enquanto está lá. Realizar uma entrega bem-feita e trazer resultados aos seus chefes, aproveitando os aprendizados ao máximo – assim existe uma troca vantajosa, que vai além do salário daquele mês.

Essa atitude empreendedora, com entusiasmo, torna o caminho mais empolgante: você curte os momentos bons naquela empresa, comemora as vitórias, contribui para o resultado. Se a carreira executiva for o seu objetivo, ótimo! É uma fórmula para o crescimento. Contudo, se a empresa é um degrau no seu caminho para um dia ser empreendedor, mesmo sabendo que não é o que quer por muito tempo, você deu o seu melhor e aprendeu muito. É um tempo importante para amadurecer e criar as condições de saltar para uma oportunidade melhor, em outro emprego que trará novas experiências. Ou, então, abrir seu próprio negócio, mas sempre sendo justo com quem está lhe dando oportunidades.

Meu conselho para quem sente que nasceu para ser dono, mas não tem coragem de sair do emprego e caminhar com as próprias pernas, é respirar fundo, montar um plano e não ter medo de seguir. Porque você corre o risco de ficar na vontade a vida inteira. Posso afirmar que é ruim também para a empresa ter um colaborador frustrado, ninguém sai ganhando. Aliás, em geral, na nossa relação com as empresas, quando está ruim para um lado, provavelmente está ruim para o outro. O mesmo vale para quando está bom.

Todos conhecemos gente que começa a trabalhar em uma grande empresa, vai recebendo carro, casa, salário, e se pergunta: "Como é que eu saio disso agora? Como eu fico sem essa mordomia?" Acostumou. Vai ficando cada vez mais difícil decidir pela independência. Começa a ter muito a perder.

Se o executivo está consciente, feliz com a carreira, é ótimo. Agora, se não era bem isso que ele queria, existe o risco de chegar aos 50, 60 anos e não saber o que está fazendo dentro daquela empresa; e pior, nem o que fazer do lado de fora daquela estrutura. Para não se iludir com bônus,

O QUE VOCÊ QUER E O QUE NÃO QUER

escritório bonito, carrão da empresa, cartão imponente de visitas, o melhor caminho é o da sua verdade. Vale uma reflexão quanto aos seus valores fundamentais. Seu dia a dia está legal? O que quer encontrar com 104 anos?

Todo mundo ganha com essa postura. Só não precisa ser precipitado, fazer as coisas sem um plano. A verdade é que a tal estabilidade do emprego não existe. Ninguém tem essa certeza, nem o presidente da empresa. Muito pelo contrário, ele pode ser demitido rapidamente por causa de uma crise do outro lado do mundo. Mesmo que eu continuasse empreendendo em uma *startup* ou dentro de uma multinacional, montaria um plano B em paralelo.

Se você tem vontade de ser dono e ainda falta coragem, que tal criar esse tal plano B, pequeno, que futuramente poderá virar seu plano A? Se não toma tempo, dá para abrir algum negócio em paralelo ao seu emprego junto com um sócio com agenda mais disponível. Digo mais: por que você não pensa em um plano para se tornar dono da empresa onde trabalha? Já vi muitas histórias como essa. Por que não montar um plano que aumente o lucro, negociando como contrapartida uma participação societária? Não custa pensar!

O maior problema de ter seu negócio é quando ele toma todo seu tempo e energia, e você fica exausto e desapontado. Antes de sair montando empresa, fica um alerta: você não tem como pedir demissão de sua própria empresa. Se criar o modelo errado, te adianto que vai dar vontade. Por volta de 2005, a dona de uma grande rede de docerias me confidenciou que, quando era jovem, lhe disseram "cuidado com os seus sonhos, eles podem virar realidade" e só depois de muito tempo ela foi entender o verdadeiro significado desse conselho. Ela desejou ter a maior rede de docerias do Brasil e acabou conseguindo; porém, foi obrigada a viver em função do negócio. Que loucura! Desejo sinceramente que ela tenha se libertado. Essa grande empresária me deu uma importante lição. Ela sofria por não ter tempo para nada – por ter atingido exatamente o que queria. Precisamos tomar cuidado com o que queremos. Isso é tão perigoso quanto o outro extremo do pêndulo, que é não saber de nada, não se conhecer e ser levado por forças externas. Faça seu mapa e se pergunte, do fundo do coração: o que você quer?

4

CADA UM NO SEU QUADRADO – OU MELHOR, DEPARTAMENTO!

No capítulo 2, compartilhei com você meus três passos para fazer um planejamento de vida:

1. Definir o que você quer e o que não quer;
2. Separar os problemas em departamentos;
3. Fazer sempre o seu melhor.

Já falamos bastante sobre definir o que se quer no capítulo 3, e acredito que agora é um bom momento para compartilhar com você um dos meus maiores segredos: separar os problemas em departamentos. Esse é um verdadeiro pulo do gato para uma vida leve e produtiva.

DEPARTAMENTALIZAÇÃO DE PROBLEMAS

Esse raciocínio nasceu da minha convivência familiar. A paz típica de cidade do interior reinava da porta para fora da minha casa, em Ribeirão Preto, onde cresci. Meus pais me amavam muito, mas, até os meus 18 anos, vivíamos em um lar conflituoso porque a relação entre eles não era boa. Muitas brigas bestas, picuinhas, porque um esqueceu a porta da geladeira aberta ou puxou conversa justo nos minutos finais de um jogo na TV.

Meu pai tinha um supercoração, porém se orgulhava de falar tudo o que pensava e tinha alma de justiceiro. Eu dizia que ele era um gladiador das pequenas causas. Embora ele tivesse sofrido muito com o meu avô (que eu não tive a oportunidade de conhecer) e apanhado muito na infância, nunca encostou a mão em mim. Em contrapartida, brigava comigo verbalmente como um gigante, em parte por ser ansioso demais para que eu fizesse tudo o que ele julgava correto.

Já minha mãe gostava de filosofar e não engolia o que a incomodava. Expunha, argumentava, questionava regras. Ela me ensinou a máxima "como é bom ser bom". Era o que ela mais esperava de mim, e eu acabei adotando esse estilo de vida. Gosto de ser uma pessoa do bem, de nunca reclamar, de sempre tentar ajudar. Não são poucas as vezes que me dizem: "Fábio, claro que você não reclama da vida. Você não tem problema..." Costumo responder que não sou um marciano, sou igual a todo mundo e é claro que tenho meus problemas. Inclusive, muitos! Mas sabe qual é a minha estratégia? Não faço propaganda de problema. Não o deixo se propagar e ser a coisa mais importante sobre mim, porque eu sou muito mais do que meus problemas.

O choque de personalidades dos meus pais era imenso, eles não se davam bem. Entretanto, sempre deixaram claro que tiveram um motivo forte para se casarem: eu. Os dois sempre tiveram o grande sonho de ter um filho, mas não eram um casal que estava junto porque se gostava. Ganhei consciência disso ao longo dos anos, e nunca diminuiu o meu amor ou respeito por eles.

Criei um método muito particular de lidar com a situação, que chamei de *departamentalização de problemas*. Mentalmente passei a visualizar várias caixinhas, sendo que cada uma simbolizava algo ou alguém importante na minha vida. Meu pai ficava em uma caixinha e a minha mãe, em outra. Amigos tinham caixinha própria, namorada; idem. Uma caixinha exclusiva para escola – que depois viraram as caixinhas das frentes de trabalho –, e assim por diante.

Com essa técnica, quando surgia problema em uma área, não significava que a minha vida inteira estava ruim. Como em uma empresa, eu apenas tinha um "departamento" da vida que não ia bem. Considero extremamente importante separar os problemas em departamentos para não deixar que um problema profissional, por exemplo, intoxique toda a sua vida. Essa prática sempre me ajudou a não fazer drama, a não me preocupar além do necessário, e ainda a curtir as coisas boas das outras áreas que caminhavam bem.

Se eu envolvesse minha mãe em um problema que era com meu pai, passaria a ter duas áreas complicadas. Se ficasse irritado a ponto de contar para um amigo, contaminaria uma terceira área. Para dar um exemplo mais atual, se eu chegar para a minha mulher e contar que um cliente importante não pagou, ela vai ficar bem preocupada, sem nem saber a história inteira, vai se sentir ansiosa, vai ter medo. E daí eu criei duas áreas com problema. Olha o poder da contaminação!

O método de departamentalização de problemas que criei me livra até hoje de misturar as coisas e me permite preservar o que caminha bem. É um método testado e aprovado por mim há pelo menos vinte anos. Hoje em dia, tenho alguns departamentos: saúde, esposa, duas filhas, sogros, cunhados, tios, amigos, trabalhos. Porém, minha mãe, meu pai e meus avós eu não tenho mais, e irmãos eu nunca tive. Diminuíram alguns em que guardo as boas lembranças, mas foram criados outros.

Eu vou olhando para cada "caixinha", geralmente antes de começar a agitar o meu dia. Às vezes, paro e penso "poxa, tem alguma coisa esquisita e não sei o que é". Na mesma hora, começo a repassar caixinha por caixinha e a me questionar: é na saúde? Não, tá tudo bem. Esposa? Não, estamos bem. Alguma coisa no trabalho... Se houve algum problema e achei o que estava me incomodando, eu já tento resolver o quanto antes. Se tem solução, eu não procrastino, vou lá e resolvo. Se não há o que fazer, fico monitorando, mas pelo menos já sei de onde estava vindo aquele desconforto. Eu sempre busco encarar e ter essa clareza diante dos problemas, e assim me sinto mais tranquilo.

Como não faço propaganda dos meus problemas, por exemplo, quando estou com a minha esposa é como se tirasse microférias de outros departamentos. Consigo me desconectar das outras caixas, aproveito o tempo com ela e ganho fôlego e energia para voltar ao dia a dia. Claro que, se ela puder ajudar a resolver, ótimo. O problema é me fazer de vítima, fazer um drama que só vai deixar a minha esposa preocupada e triste.

Além disso, quando dou uma olhada no geral desses departamentos da vida, noto que, como um todo, não está tão ruim. Muito pelo contrário, está show. Afinal, não era nem para eu estar aqui! Assim, os problemas que identifico acabam parecendo até mais fáceis de resolver do que imaginei, porque olho para o quadro geral e ainda tenho muito pelo que agradecer.

Você deve imaginar que essa departamentalização me serviu para muita coisa na vida. Como filho único de pais separados, passava o Natal com um e o Réveillon com o outro, por exemplo. Além de me dividir entre os dois, eu era um jovem correndo atrás de um estilo de vida ideal. Fechava os olhos e me imaginava aquele equilibrista rodando vários pratinhos. Ora rodava um com mais força, ora outro, depois mais outro. Isso me treinou para viver a vida leve que consigo ter hoje.

CHEGA DE BRIGA, EU QUERO É PAZ

Leveza e briga são duas coisas que não combinam. Ao se comportar de maneira bélica, reativa, você perde muita energia, se desestabiliza e joga fora muito potencial criativo. Desde cedo aprendi o valor da paz, porque, como meus pais não se davam bem, eu me envolvia muito nas brigas, e chorava muito também. Sofri com isso na infância, até que cheguei ao meu limite da tolerância, aos doze anos – se continuasse no meio daquele tiroteio verbal sem vencedores, eu ia enlouquecer. Não sei como a ficha caiu, mas, daquele momento em diante, me desliguei dos problemas. Foi como se virasse uma chave imaginária dentro da minha cabeça. Eu não gostava de brigas, e não gosto até hoje.

Eu me lembro de ter dito: "Vocês querem saber? Podem brigar até a hora que quiserem. Eu não estou mais nem aí." Depois disso, acontecia, por exemplo, de passar por eles na cozinha, enquanto brigavam, pegar um copo d'água e sair, como se tudo estivesse na santa paz. Na realidade, eu não estava mais olhando para eles. Era uma forma de autodefesa – e hoje enxergo que foi também uma forma de maturidade precoce, pois aquelas brigas aconteceriam com a minha interferência ou sem ela. Acabei me distanciando, não só do problema, mas principalmente deles. Estava fisicamente próximo, mas desconectado, para me proteger e parar de me desgastar.

Meu pai se sacrificou e esperou até eu completar 18 anos para sair de casa, porque achava importante a presença da figura paterna, coisa que ele mesmo não teve. Ele se separou da minha mãe, apesar de continuarem se falando, e foi tocar a própria vida. Ele continuava sempre ligado nos meus passos, só que eu havia desligado. Mesmo perto, não me importava mais com os sentimentos deles.

Porém, nessa época me caiu outra ficha: enxerguei que eles eram seres humanos também. Como todo mundo, meu pai e minha mãe tinham problemas e não sabiam como resolver. Faziam o melhor possível, me transmitiram valores fundamentais, como a honestidade, e me deram muito afeto. Aquela entrega de amor paterno e materno, que é tão importante para a formação de qualquer filho, eu tive, e realmente me deu confiança para encarar a vida. Eles tinham um sentimento muito bom em relação a mim. Pena que faltava essa "liga" entre eles próprios! As brigas eram mais por questões superficiais, irritações e intolerâncias que sentiam, provavelmente por não desejarem viver juntos e talvez por terem outras expectativas. Eu demorei a perceber a distância que tomei dos meus pais. Então, entre meus dezoito e vinte anos, comecei um movimento de reaproximação.

Tenho lembrança de ter a iniciativa e começar a dar um beijo de *oi* e de *tchau* em meu pai. Por incrível que pareça, antes eu não tinha esse hábito. Eu via meus amigos fazendo isso e achei muito legal. O comportamento dos outros virou a referência do que eu queria. Pensei "vou fazer também". Certo dia, cheguei perto do meu pai e falei, na maior humildade:

— Pai, me dá um abraço? Quero ver como é isso.

Começamos a refazer o nosso elo, de uma forma muito tranquila, racional, consciente de que eu estava comandando a mudança. Daí, coloquei na cabeça que faria o melhor possível. Não me cobrava ser perfeito, assim como eu aceitava que eles fossem imperfeitos. Sentia que eles estavam satisfeitos em me ter como filho, e isso bastava para que eu me sentisse satisfeito em tê-los como pais.

Podemos nos desconectar dos problemas, se isso for saudável, mas nunca perder de vista os nossos afetos. Se você sentir que isso já aconteceu, sempre há tempo para pedir um abraço de novo. Eu sugiro fortemente que você seja a pessoa que dá o primeiro passo para uma reaproximação, se tiver essa oportunidade, sem se deixar limitar pelo orgulho.

ÀS VEZES TODAS AS CAIXINHAS ESTÃO DO AVESSO...

Em determinado momento da vida, meus pais acabaram, de certa maneira, se tornando dependentes de mim, tanto nas decisões do dia a dia, como para complementar a renda deles. Trago para mim grande parte dessa responsabilidade. Acompanhando esse fato, uma série de situações abalaram a estrutura emocional da minha mãe. Começou com uma insegurança financeira com a qual ela não estava acostumada. Eu havia acabado de me casar em 2007, e ela sofreu uma perda tripla: eu me casei, minha avó faleceu – Vó Dina, a sogra que ela adorava –, e sua cachorrinha de estimação se foi. Como se não bastasse, de repente, ela não pôde mais curtir o seu hobby predileto, a sua "terapia", que era ir aos bingos, que foram fechados.

Para completar, em 2008, minha mulher estranhou uma pinta na minha perna e sugeriu que eu tirasse. Tentei escapar, mas ela foi enfática e resolvi fazer o exame. Resultado final: melanoma maligno. Foi um diagnóstico muito difícil, o fragmento de pele para exame rodou vários

PODEMOS NOS DESCONECTAR DOS PROBLEMAS, SE ISSO FOR SAUDÁVEL, MAS NUNCA PERDER DE VISTA OS NOSSOS AFETOS.

laboratórios até chegar à Universidade Harvard, nos Estados Unidos, porque os laboratórios não tinham certeza do que realmente era. Finalmente, veio a confirmação e, embora melanoma maligno fosse coisa séria, ainda bem que eu já vivia dizendo que estava tudo bem. Não ia ser então que eu ia começar a reclamar da vida. Pensei: "Já sei, vou sair dando palestras para tudo quanto é lado, vou escrever um livro, vou viajar, montar outras empresas... Pois, se for para acelerar minha passagem na Terra, tenho muita coisa para fazer."

O diagnóstico de câncer me trouxe um sentimento de que eu não podia só jogar a toalha. Eu estava com a cabeça no lugar, embora reconhecesse que não era o cenário ideal para um casal logo após a lua de mel. Os desafios aumentaram, eu estava preocupado comigo e também com a minha mãe, que passava por uma fase ruim. Depois de tudo, agradeço todos os dias por Carolina – minha esposa – ter me convidado a tirar a "pinta" a tempo, antes que houvesse metástase. Fiz o tratamento necessário e continuei no jogo. Sigo fazendo um acompanhamento normal de evolução de outras pintas como precaução.

Continuei rodando os pratinhos do pai e da mãe, mais o da empresa que estava no vai, não vai. E, um ano depois, em 2009, minha esposa engravidou. Imagina só, recém-casado com a expectativa de ser pai, uma mistura de felicidade com mais responsabilidade, continuei concentrado no trabalho, tentando trazer mais segurança para mim e para a minha família. Eu já dava palestras e aulas, e um dia, vejam a ironia da vida, assim que acabei uma palestra para motivar alunos do Insper-SP, peguei meu celular, vi dezenas de ligações perdidas e, quando liguei de volta, me informaram que minha mãe havia tirado a própria vida.

Naquele momento eu tive que parar, respirar, pôr a bola no chão e reorganizar a minha mente, para entender o que estava acontecendo. Foi um contraste drástico. Eu estava em um momento especial, apaixonado pela vida, tinha virado a página de um melanoma, esperava uma filha muito desejada, e precisei lidar com o suicídio da minha mãe. Era um sentimento muito estranho, exatamente o oposto das minhas crenças, porque a pior coisa para um ser humano é perder a vida. Depois de muita reflexão, compreendi que ela estava seriamente doente e chegou a um limite que a levou àquele impulso.

Essa situação, com certeza, está entre as mais difíceis de aguentar. Sem irmãos, era só eu. Pensei: "preciso digerir bem essa história". Eu não podia baquear, porque precisava seguir em frente. Minha esposa estava grávida, eu ia ser pai, e tinha que estar presente para aquela pessoinha que nem tinha chegado. Também não podia ignorar, porque uma hora o assunto ia voltar à minha cabeça e poderia significar um grande problema. Só restava enfrentar e assimilar de uma vez por todas a perda da minha mãe.

Encarei a situação procurando entender o panorama como um todo e, principalmente, com empatia pela sua dor. Foi minha mãe a pessoa que me criou, que me ensinou a ser do bem, a dar o meu melhor. Naquele momento, refleti que a pior coisa que pode acontecer a um ser humano é morrer. Não era uma opção racional de solução, a não ser para uma visão distorcida da realidade, pelas lentes de um transtorno mental. Entendi o quão séria pode ser a depressão na vida de uma pessoa, a força que essa doença tem, o sofrimento que causa. Tirar a própria vida vai contra nosso instinto primário humano de perpetuação da espécie. Ou seja, se, na cabeça de alguém, a única solução é morrer, há algo de errado na forma de pensar. Seria inútil tentar entender com a cabeça dela, porque ela estava enxergando com outras lentes. A depressão mudou a lógica das coisas, e foi a doença que levou minha mãe àquela atitude.

Dentre os cenários que imaginei, o que mais me confortou foi: "se eu estou em um prédio que começa a pegar fogo, vou buscar uma alternativa para não morrer queimado". Para ela, no auge da depressão, esse fogo parecia concreto. Em seu próprio incêndio psicológico, a percepção que ela tinha dos problemas foi mais forte que a realidade. Isso se alinhava com um dos principais ensinamentos que ela deixou em minha adolescência: "A imaginação supera a realidade" – em outras palavras, a mente pode supervalorizar para o bem ou para o mal, e isso vale para todo mundo, da criancinha que não consegue dormir por medo de monstros imaginários, até o adulto que cogita acabar com o bem mais valioso: a própria vida.

Com toda a racionalidade e a respiração que a situação me exigiu, minha mãe tem a minha empatia, porque viveu uma situação duríssima, de enorme sofrimento, e buscou o que lhe parecia a única saída. Resolveu o que estava insuportável da maneira dela, com as cartas que tinha na mão e as conclusões moldadas pela doença. Cheguei a esse desfecho e, desde então, não carrego nenhuma mágoa. Criei um atalho mental para poder lidar com essa tragédia. Assim, na hora que eu pensasse nessa história, lembrava que havia encontrado a melhor resposta e que já estava satisfeito.

Você pode pensar que deve ser difícil para um filho tomar a decisão de virar a página. Porém, não tem outra alternativa: eu vou conviver com esse suicídio para o resto da vida. Uma das coisas que mais me ajudou foi o fato de não me cobrar 100% em nada que faço na vida. Sempre faço o meu melhor, mais? Não dá... Imagina ficar pensando o que eu poderia ter feito de diferente? Seria um ciclo impossível de fechar. Tive a certeza de ter feito a minha parte da melhor forma possível. Estava em dia com minha consciência de uma forma muito íntima e tranquila.

Meu maior desafio foi digerir e ter a mais absoluta consciência de que essa não era uma opção viável dentro da racionalidade humana. Entretanto, pelo amor incondicional que ela tinha por mim, fui obrigado a aceitar uma verdade avassaladora – reconhecer que a pressão que eu estava sentindo tinha melhorado. Óbvio que eu queria minha mãe feliz ao meu lado, porém fui obrigado a duras penas a aceitar que houve essa descompressão, mesmo sem concordar com aquela atitude distorcida. Foi difícil, mas acredito que só foi viável porque não me dei escolha e coloquei essa passagem como uma fortaleza para tocar a vida em frente, me permitindo ser feliz. Essa é minha grande homenagem a ela: a felicidade do seu único filho.

Mãe, onde quer que você esteja, fique tranquila. Eu estou bem. Te amo!

Ela me deu a vida duas vezes, pois aprendi a valorizar ainda mais a minha.

Não falei que também tenho problemas de ser humano normal?! Todo mundo tem. Água mansa não faz bom marinheiro, ou seja, cada um desses desafios vai fortalecendo cada vez mais quem somos. Cria nossa essência, nosso caráter, e nos prepara para ajudar mais pessoas. Quando penso em problema, imediatamente penso "pode vir, estou pronto!". Problema existe para encarar, superar e seguir em frente.

Eu gosto de viver com paz interior, mas não fujo dos problemas, não os ignoro. Mas, veja se você concorda comigo, há pessoas que adoram ser vítimas. Gostam de fazer uma propaganda do que estão passando. Às vezes, é um problema simples de resolver, mas tem quem prefira "dar uma valorizada" em busca de um pouco de atenção extra, sem perceber que contamina outras áreas que, antes, estavam tranquilas. Então, não ignore os problemas, mas os encare e aprenda a se desapegar deles. Se tem solução, resolva sem enrolar; se não tem, monitore, aceite, e siga em frente. Carregar os problemas só deixa seu caminho mais lento e mais pesado.

UM SORRISO ABRE PORTAS

Não é exagero dizer que o que mais me ajudou até hoje, tanto nos trabalhos como nos relacionamentos em geral, foi o meu sorriso, sem reservas. Uma vez, quando eu era criança, estava brincando com outros meninos do meu prédio e a mãe de um deles se aproximou, elogiando um a um. Disse ao primeiro:

— Nossa, como você é bonito!

Comentou com o segundo:

— Nossa, que olhos verdes lindos!

Comentou com o terceiro:

— Nossa, mas como você é forte!

Como eu sempre fui o gordinho da turma, a essa altura eu estava bem tenso esperando o que ia sobrar para mim, até que ouvi:

— Nossa …

Parece que demorou uns trinta minutos até ela achar o meu ponto forte.

— Mas que sorriso bonito!

Ah, imediatamente eu dei mais uma turbinada naquele sorriso e nunca mais afrouxei! A coisa mais bonita que ela viu em mim estava totalmente no meu controle, e é muito bom ser dono do seu dom.

Quero deixar esse dom com você também. Porque todos nós temos problemas, carregamos fardos, mas, na hora que você sorri, em grande parte das vezes, desarma a chance de ser agredido, maltratado. Sorrir faz com que os outros desejem se aproximar de você, e você se abre. Ninguém quer ficar perto de gente reclamona e de cara fechada. Então, quando você está sorrindo, atrai aqueles que querem o bem, que trazem leveza.

Meu sorriso já me ajudou em tantas ocasiões que, mesmo quando estou com algum problema, uso esse recurso para enganar o cérebro e ele achar que está tudo bem. Nesse sentido, é comprovado cientificamente que sorrir traz felicidade. Pesquisas revelaram que, se você estiver triste e forçar um sorriso, pode aliviar o estresse, melhorar seu ânimo e até seu sistema imunológico. O sorriso consegue enganar o seu cérebro e mandar a mensagem de que você está feliz, estimulando as reações de felicidade, e você vai efetivamente se sentir mais feliz depois de alguns minutos.[8] Não importa o tamanho do problema, sorria. O sorriso é uma excelente defesa. Além de já ter me aberto várias portas. O pessoal acha que, se você está sorrindo, é porque tem motivo para isso. Pensa: "Eu não sei o que é, mas alguma coisa na vida desse cara vai bem."

Dou tanto valor a isso que todos os dias pela manhã, não importa a minha situação, forço um sorrisão na frente do espelho quando vou escovar os dentes de manhã, mesmo sem motivo aparente. Costumo levantar da cama bem-humorado (especialmente quando não preciso acordar cedo, lembra?). Mas em algum dia que eu possa estar mais incomodado, olho no espelho e falo comigo: "vamos lá, Fabião! Dá um sorriso aí que você vai liberar alguma química interna, e esse baixo-astral

---

8 SPECTOR, N. Smiling can trick your brain into happiness – and boost your health. **NBC News**, 28 nov. 2017. Disponível em: https://www.nbcnews.com/better/health/smiling-can-trick-your-brain-happiness-boost-your-health-ncna822591. Acesso em: 1 jul. 2021.

já vai passar." Dali a pouco, eu acho um motivo verdadeiro para sorrir: respirar, estar vivo, e estar aqui para resolver todos os meus problemas. E na hora que reparar, já foi!

5
FAÇA SEMPRE O SEU MELHOR (MAIS? NÃO DÁ)

O QUE AS SUAS METAS FAZEM COM VOCÊ?

Certa vez, um senhor me disse:

— Fábio, é lógico que sempre está tudo bom para você. Você não tem meta!

Por favor, vamos pensar juntos no que ele falou.

Ele estava me alertando que é lógico que eu estava bem pelo fato de não ter meta. Bom, se estava tudo sempre bem, eu estava fazendo alguma coisa certa, concorda? Ele queria o quê? Que eu estivesse mal, cheio de metas, ansioso, estressado, perdendo sono? Eu, não!

Pensando mais profundamente, para que servem as metas? Entendo que as duas principais funções são motivar as pessoas que vão executá-las e cobrar resultados. Trazendo para a minha realidade: pelo que você já conhece, não preciso de ninguém me motivando para buscar a vida que eu gosto de levar, e para isso já faço meu máximo, na intensidade que eu gosto. Agora, ficar ansioso, para fazer mais do que eu posso ou gostaria? Caramba, além do meu máximo, não é possível – e muitas vezes eu simplesmente não quero. Em contrapartida, também não gosto de alguém me cobrando por resultados que nem fui eu que estabeleci. Faço o que posso, e tenho plena consciência de quando posso acelerar mais. Resumindo: não tenho nada contra quem gosta de metas agressivas e acho que o pessoal de alta performance funciona bem assim. Mas este livro foi feito para ajudá-lo a traçar um plano de vida, para que busque o jeito ideal de tocar os dias, não para que você bata um recorde olímpico.

Eu gosto de metas só na hora de planejar e visualizar, porque elas são uma boa ferramenta para analisar o tamanho da oportunidade.

A frase que fica na minha cabeça é: "Eu faço o que posso!" Mantendo essa postura diariamente em tudo o que faço, evito ansiedade e arrependimentos, não me questiono se poderia ter feito algo a mais. Escolho seguir sempre em frente, sem culpa. O que nos traz o terceiro item do plano de vida: depois de definir o que quero e o que não quero, e separar meus problemas em departamentos, preciso fazer sempre o *meu* melhor. Eu tenho um contrato comigo, de fazer o meu melhor – mais do que isso, não dá.

Minha motivação não está no número da meta, prefiro me motivar pensando que a vida acaba em um minuto. "Daqui a pouco, acabou" – lembra o mantra? A meta serve como um chefe interno, que fica gritando com você e tirando sua vontade de fazer as coisas. E mais, nem sempre a meta está certa. Já parou para pensar que as metas podem até atrapalhar? Você pode crescer 4000% com alguma ideia maluca que teve quando estava descansando, em vez da tradicional meta de 20% ao ano, que tirou o seu sono. A meta não dá espaço para que você escute os sinais da vida, de todas as oportunidades que aparecem ao longo do dia. Não quero me atormentar com números que podem até estar mal estimados. Além disso, gosto de degustar cada etapa de um projeto. Quero curtir e aproveitar todos os momentos, e não mirar somente no resultado final. A meta muitas vezes tira o prazer da jornada, e tudo na vida é jornada.

Ao fazer este livro, por exemplo, estou curtindo reviver as minhas histórias e, no final, fazendo o meu melhor para que seja útil para alguém – que é o que dá para fazer. Agora, se eu realizar esse sonho com a responsabilidade de precisar vender 1 milhão de exemplares, o processo de construir as histórias fica chato, perde o brilho, e não vou ter a tranquilidade de curtir as lembranças e os detalhes. Posso até bater a meta, mas esse tempo de vida foi muito chato, perdeu a graça, virou problema, e eu quero usar meu tempo com um monte de coisas que me dão prazer.

Meta, no meu ponto de vista, deve ser uma simples referência de *aonde* podemos chegar. Porém, o *como* chegar tem que ser legal, sempre colecionando bons momentos. Se estamos em busca desses bons momentos, a gente não procrastina, porque ninguém evita fazer coisas prazerosas.

FAÇA SEMPRE O SEU MELHOR (MAIS? NÃO DÁ)

Quando cresci e ganhei autonomia da minha família, coloquei na cabeça que ia fazer o meu melhor e ser uma pessoa do bem, sem me cobrar perfeição. Porque é impossível ser perfeito, mas é totalmente possível se esforçar para ser do bem. Indo atrás da vida que imaginei, posso não atingir os 100%, mas tenho boas chances de alcançar 70%, e já está bom! Sabe o que eu faço? Faço o que posso. Isso me dá leveza e liberdade para arriscar mais, me divertir mais, realizar mais.

O problema é que muita gente acredita precisar encarnar o Super-Homem e a Mulher-Maravilha para ser aceito, admirado ou amado, mas nós não vivemos uma ficção. Na vida real, não é possível ser o *máximo*… só é possível ser *humano*, e isso, sim, é o *máximo*!

MANDAMENTOS DA LEVEZA PRODUTIVA

Longe de criar regras, procurei seguir algumas ferramentas que uso em meu dia a dia pela paz interior, tendo ao mesmo tempo uma vida interessante e dinâmica, me sentindo no controle, agindo com segurança, permitindo-me fazer as melhores escolhas.

1. *Valorize, mas não minta*. Mentir faz você cair em contradição. Se você sempre mostra a sua verdade, não precisa ficar preocupado querendo amarrar as conversas, sofrendo da famosa síndrome do impostor. Eu valorizo fazer este livro, quero que o resultado seja muito bom, mas nunca diria que ele vai resolver todos os problemas da humanidade. Nem mesmo todos os *seus* problemas. Dou valor ao que digo nestas páginas e faço na prática, mas sem extrapolar, sem querer iludir ou exagerar. Assim a relação com você fica leve, não é mesmo?

2. *Quem fala a verdade não precisa ter boa memória*. No mínimo, você não fica ocupando espaço no seu *hardware* com lixo tóxico. Sua cabeça fica mais leve, com espaço livre para ter boas conexões e ideias. Os "enroladores" precisam se policiar para conseguir manter as mentiras diante de amigos, clientes, familiares…

3. *A falta de problema é um problema.* Existem pessoas com a situação financeira muito estável, que teoricamente não têm problemas, sentindo angústia pela "obrigação" de se sentirem bem. Não se culpe por ter uma vida confortável e não se martirize caso não se sinta feliz, independentemente dessa vida confortável. Tá bom? Ótimo. Não tá? Muda! Não importa a opinião dos outros.

4. *Deixe seus exames de saúde em dia.* Já pensou no quanto aumenta a sua tranquilidade saber que o seu corpo está bem? Priorize a prevenção e faça exames periodicamente para não ser pego de surpresa. Sua máquina da vida precisa estar em dia, com a devida manutenção, para que possa contar com ela por 104 anos, pelo menos.

DEIXE UMA MARGEM PARA ENGANO

Todo mundo erra. Mesmo quando nos propomos a fazer o nosso melhor, é claro que os erros acontecem. Eu faço as coisas acreditando no melhor resultado possível, capricho e sempre quero que todo mundo fique feliz. Faço isso com atitude e bom humor, acessando as informações necessárias e, principalmente, colocando a minha verdade. Mas também olho a situação em perspectiva e deixo uma margem de 10% no caso de eu estar completamente enganado. Sem orgulho, isso só atrapalha. Uso essa estratégia para poder reverter algo que não está funcionando como eu imaginava, para conseguir mudar de rota com agilidade – e, assim, não me sentir sem saída, sem poder me movimentar.

Por não estar inteiramente apegado às certezas, eu fico mais preparado para as piores situações. E, por incrível que pareça, isso me dá mais leveza – por não precisar encarnar (e sustentar) o papel de "senhor da razão". Entender que tudo o que faço tem margem de erro é um exercício de humildade, e todo mundo sabe que, quanto mais arrogante for a pessoa, maior é o tombo na hora que falha. Se eu não deixar essa margem, não vou melhorar e evoluir, vou empacar em coisas que não acabarão bem. Esse raciocínio vale para tudo, para questões objetivas e subjetivas.

Para exercitar a margem de erro, sugiro imaginar dilemas clássicos, como: e se houver vida fora da Terra, se um dia alguém conseguir provar que não estamos sozinhos no universo, qual seria o impacto para nossas "crenças"? Besteiras assim, mas que dariam uma reviravolta na cabeça, funcionam para não me surpreender tanto. Um pouco de incerteza de qualquer espécie é bom para treinar a humildade, até como uma forma de defesa. Se mudar tudo, estou preparado. Vale comentar que há pouco tempo cientistas londrinos descobriram um planeta semelhante à Terra (a apenas 4,2 anos-luz de distância de nós) e potencialmente habitável chamado Proxima Centauri B.[9] Já pensou? Eu já pensei, então estou mais confortável com essa possibilidade.

PASSA RÁPIDO... MESMO!

Aproveitando um capítulo inteirinho sobre a nossa humanidade e as nossas falhas, vou contar que nunca fui dos melhores alunos. Eu não tirava nove – muito menos dez –, mas também não estava no time dos repetentes. Ficava na média e era da turma do fundão, que gerou um apelido que carrego até hoje: Mesha. Tudo porque nasci com uma mancha roxa na cabeça, e os fios de cabelo dessa região eram mais claros. Atualmente, como o cabelo está acabando, ela está quase sumindo, mas o apelido pegou, desde o dia em que uma professora, muito brava, chamou minha atenção:

— Ô, da mechinha, dá pra você ficar quietinho?

Vários da turma começaram a falar comigo como "ô, da mechinha…". Daí, uma amiga da época disse que eu não era *qualquer* mecha. Sugeriu escrever com *sh*, para me diferenciar, como uma marca. Até hoje tem gente que não sabe meu nome porque só me conhece pelo apelido.

Pois bem, o Mesha queria logo entrar na faculdade, por um caminho mais tranquilo. Optei por cursar uma faculdade particular, para ganhar

---

9 MIRANDA, B. Proxima Centauri B: O intrigante sinal que chegou do sistema estelar mais perto do Sol. **BBC News**, 1 jan. 2021. Disponível em: https://www.bbc.com/portuguese/geral-55498244. Acesso em: 1 jul. 2021.

tempo e cair o quanto antes no "mundão". Entrei em administração na Universidade de Ribeirão Preto (Unaerp), em uma época que eu achava tempo para sair, viajar, curtir os amigos e, em plena tensão pré-vestibular, eu ficava bronzeado e interessado no que acontecia fora das aulas. Com 18 anos e curtindo a vida de universitário, ouvi do meu pai que ele "até poderia", mas não me ajudaria a ser dispensado do serviço militar obrigatório. Foram dois "vire-se" que ele me deu: um para escapar do serviço militar obrigatório e outro para procurar meu primeiro emprego.

Eu tinha vários amigos que haviam sido dispensados pelo Exército, então acreditei que também conseguiria. Sabia todas as dores que ia sentir na hora da entrevista e fui logo avisando o sargento que não estava apto ao alistamento: falei que tinha operado o apêndice e, além disso, sentia várias dores. O sargento nem respondeu e marcou "A", de totalmente apto. Não fui um bom ator e fiquei assustado, pensando que teria de acordar às cinco da manhã, fazer a barba, engraxar os sapatos. Aquilo acabou com a minha tranquilidade. Pensei "tenho que dar um jeito nisso" e comecei a considerar quais cartas eu tinha na mão. Me veio à cabeça meu computador antigo, chamado PC-XT, um dos primeiros lançados na época. Fiquei amigo do sargento e perguntei como é que eles não tinham computador ali. Com muita conversa, vendi meu computador para o Tiro de Guerra por um preço excelente – para mim, porque, para eles, foi quase de graça. O sargento ficou tão feliz que falou em público, para os 210 atiradores:

— Vocês têm que seguir o exemplo do Fábio. Olhem só, ele vendeu o computador dele por um preço de banana para a gente. E está fazendo um grande bem para o Tiro de Guerra.

Isso significa que o valor percebido desse bem para eles foi alto. O mercado é assim: tem que agregar valor. Eu só estava esquentando minha paixão por vender. O melhor dessa história é que só eu sabia mexer no computador, então fui colaborar com a área administrativa e não pegava mais plantão.

Passei a curtir aquilo por me sentir útil. Adorei o tempo em que estive no Tiro de Guerra. Tive valiosas lições de responsabilidade e humildade. Recomendo aos jovens o serviço, pois fiz ótimas amizades. No último dia, eu estava em forma, cantando o hino, debaixo do sol, e me lembro de o sargento falar:

— Fábio, nada como a inexorável força do tempo!

Todo mundo tinha medo de como seriam os 365 dias de serviço militar obrigatório, e passaram tão rápido! Isso me marcou, mostrou que tudo que é bom passa rápido. Se não fizermos o que temos vontade, não aproveitarmos bem o tempo e daqui a pouco não estamos mais aqui. A vida era um intervalo muito pequeno para tantas coisas que eu queria fazer. Isso me trouxe duas lições: depois que estiver satisfeito com uma decisão tomada, não fique repensando sobre ela; e se esforce para plantar sementes em todo lugar, porque depois elas florescem.

MEU PRIMEIRO TRABALHO

Eu comecei a vida como muitos jovens brasileiros. Na minha juventude, eu fazia faculdade à noite e entrei no curso com uma decisão em mente: "agora tenho que trabalhar". Meu pai tinha seus contatos, mas deixou bem claro que não ia facilitar para o meu lado. Descobri nessa fase que, na hora em que você está desempregado, o seu trabalho é justamente procurar emprego. Você precisa ter a energia e disposição de ir atrás, até conseguir. Na década de 2020, vejo gente na internet se dando por satisfeita só de disparar currículo, quase igual a um *spam*. Aí não vai dar em nada, mesmo.

Eu ficava das 8 horas da manhã às 6 horas da tarde dedicado a isso. Vasculhava oportunidades em Ribeirão Preto, participava de eventos e feiras, gastava muita sola de sapato para ir nos lugares entregar meu currículo e me apresentar. Onde seria mais legal trabalhar? Quem estava abrindo ou expandindo a empresa e poderia ter vaga aberta? Eu pensava no que eu queria e, principalmente, no que não queria. Não dá para ser bobo e procurar o que não gosta.

Meu primeiro trabalho foi um estágio em um escritório de consultoria em logística chamado ABPL. O irmão do dono, Ezequiel Gouveia Borges, me contratou, e após muitos chás gelados de pêssego pela madrugada, somos amigos até hoje. Comecei organizando eventos e fiquei um ano nessa empresa. Gostei muito dessa primeira experiência, e saí para uma distribuidora de uma grande cervejaria. Era outro perfil de trabalho: braçal.

Eu destacava na mão e separava as notas fiscais de milhões de pontos de venda diariamente. Fazia rápido e me divertia, sempre

EM QUALQUER EMPRESA, TUDO SÓ ACONTECE PELA BOA VONTADE DAS PESSOAS, PELO SEU TRABALHO, PELA SUA DISPOSIÇÃO.

FAÇA SEMPRE O SEU MELHOR (MAIS? NÃO DÁ)

trabalhando de um jeito leve. Em pouco tempo, mostrei meu interesse por tecnologia e ganhei uma grande responsabilidade. Virei o Mr. Road Show, e participei da implantação de um sistema de roteirização bem moderno para a época. Era algo que me estimulava, que me desafiou e que vi acontecer pelo meu trabalho.

Em seguida, fui para uma empresa de terceirização de serviços, e nessa fiquei muito pouco tempo, pois minha madrinha teve uma brilhante ideia: fazer uma super carta de recomendação para me apresentar a um alto executivo de uma multinacional que ela havia conhecido, a Philip Morris. Eu viajava diariamente 110 quilômetros para ir até sua distribuidora em Araraquara e o mesmo tanto para retornar a Ribeirão Preto em tempo de não perder a aula à noite. Eu me entregava, tinha senso de responsabilidade, não sentia preguiça. Meu pai, na época, falava que eu não ia formar uma carreira porque ficava pulando de trabalho em trabalho. Era difícil explicar para ele que eu não queria fazer carreira, queria mesmo era aproveitar as várias experiências e deixar rolar. Eu sabia que minha perspectiva não era bem-vista naquele tempo, e o mais comum seria ingressar em uma boa empresa e sair aposentado. Eu ia crescendo porque, ao sair de uma empresa para outra, entrava sempre em uma posição melhor.

Fui percebendo que todas as empresas tinham um ponto em comum: gente. Em qualquer empresa, tudo só acontece pela boa vontade das pessoas, pelo seu trabalho, pela sua disposição. Como eu trato todo mundo igual, acabava tendo amizade tanto com o pessoal da portaria, quanto com os líderes das empresas. Era normal despertar um ciúme aqui, uma inveja ali, e sabemos que isso acontece, mas decidi desde cedo que não ia dar bola, o importante era olhar para frente. Em todos os lugares tem quem perca muito tempo e energia com briguinhas. Eu estava fazendo o que achava certo, e queria manter a minha leveza, sem me desviar.

FAÇA TUDO PARA SER DISPENSÁVEL

Isso mesmo! Não foi erro de digitação: trabalhe para ser dispensável a qualquer momento. Certo dia, americanos da empresa McLane, que coordenavam a logística da Philip Morris nos Estados Unidos, vieram para assumir também toda a operação da distribuidora brasileira onde eu trabalhava. Como eu era um dos poucos com o inglês em dia, me aproximei dos gringos. Eu gostava de tudo sobre tecnologia, fui me envolvendo com os sistemas de implantação que eles usavam, e comecei a me doar. Fazia o meu trabalho e um pouquinho a mais para os americanos, sem pressa de ir embora no final do expediente. Oferecia relatórios na velocidade da luz e realizava o meu trabalho partilhando informação com meus colegas, para que soubessem fazer o que eu já dominava. Agindo assim, eu era "dispensável" para a empresa, em vez de segurar a informação – até montei um manual de como cumprir todas as minhas responsabilidades. A empresa podia me mandar embora a qualquer momento, mas ocorria o contrário: eu podia crescer e sair dali quando *eu* desejasse.

Quem fica segurando o próprio trabalho como estratégia para se segurar no emprego torna-se tão fundamental àquele setor da empresa que não consegue sair dele. Como eu distribuía com outras pessoas, não existia esse apego. Na hora que os americanos pediram meu passe ao meu chefe, alegando precisar de mim no escritório da capital paulista, o "sim" ficou bem mais fácil. Agarrei a oportunidade e rodei o país inteiro. A McLane atuava como uma terceirizada da Phillip Morris, que otimizava suas cargas associando-se à Lacta e transportando ao mesmo tempo cigarros e chocolates. Qual a vantagem competitiva que eu descobri? Os americanos ganhavam muito, cerca de quinhentos dólares por hora, para realizar toda a operação logística, com exclusividade, das várias unidades. Então, eu precisava aprender com eles para poder realizar o trabalho também.

Comecei a ser solicitado pela Phillip Morris para implementar esse sistema de logística, porque eu era barato para a empresa e representava uma alternativa quando os americanos estivessem ocupados. Devo muito dessa oportunidade ao diretor de tecnologia da época, Paulo Borggreve, ou, como eu carinhosamente o chamava, P-BORG. Além de me sentir desafiado o tempo todo, eu me divertia com ele e com os americanos ao final do expediente, porque, desde aquela época, buscava ter histórias para contar. Fiquei mais um ano me divertindo naquela vida de viagens pelo Brasil para implantar o sistema de logística da McLane junto com meu amigo P-BORG. Àquela altura, estava com uma responsabilidade bem interessante e já tinha acesso à presidência da empresa.

Como trato todas as pessoas com naturalidade, elas se identificam e devolvem na mesma moeda. Eu não endeuso ninguém. Trato todo mundo de igual para igual."Meu amigo, que bom que você é presidente! Mas também é um ser humano, igual a todo mundo, igual aos funcionários mais simples que trabalham aqui."

Falando em emprego, por volta da década de 2000, já existia a obsessão desenfreada de cortar custos – e, nessa linha, eu era um profissional bem barato. Quando a empresa me tirou de Araraquara e me levou para São Paulo, me deu apenas uma pequena ajuda de custos, que mal pagava o pedágio. No meu ponto de vista, era uma economia boba perto dos custos dos consultores estrangeiros que poupávamos no projeto. Enfim, era pouquinho, mas estava bom. Porém, eu não tinha como alugar um apartamento. Mesmo assim, pensei "eu me viro" e morava de favor na casa de uma tia. Nunca fui de ficar pedindo salário, até que "enxerguei mais vinte metros": o executivo que me contratou na McLane mudou para a Vésper, multinacional do setor de telefonia, fazendo uma proposta de levar sua equipe para lá. Opa! Avisei à McLane que ia sair, por causa dessa oportunidade. De início, não aceitaram a demissão, e a secretária do presidente ligou dizendo que ele queria falar comigo:

— Fábio, meu querido, você é da família! Temos um futuro muito bom para você aqui na empresa. Me fale quanto está precisando ganhar?

— Olá, Frank, muito obrigado por esse carinho todo! Mas que pena… você podia ter feito isso antes. Sinceramente, não gosto de ficar negociando quanto estou valendo. Já aceitei outra proposta, mas vou ficar aqui por mais um mês para o que vocês precisarem. Vou deixar tudo certinho, organizado.

Ele fez um carnaval, me oferecendo dinheiro. Eu sabia que estava sendo usado como mão de obra muito mais barata, comparada à dos americanos, mas era justo – eu também estava usando a empresa para ter experiências e, principalmente, viver bons momentos. Sempre é uma troca. A questão é se a gente sente que está valendo a pena. A partir do instante em que não parecia mais desafiador, era hora de viver novas experiências e de conhecer mais gente. Acertei com a Vésper, uma *startup* gigante de telecom da época.

Eu sentia vontade de experimentar e de me testar em variados negócios e situações. Na Vésper era tudo novo, começando do zero. Fui trabalhar com a logística da frota. Tanto da manutenção dos carrinhos que iam fazer a assistência quanto da mobilidade dos executivos, da frota blindada e também da van que pegava os expatriados, canadenses, que vinham fazer as consultorias no Brasil. Esses estrangeiros ficavam hospedados no bairro paulistano dos Jardins, onde eu também morava. Então, fiquei amigo do motorista, e pedi:

— Meu amigo, tem como você passar um pouco mais cedo no meu prédio e depois pegamos os expatriados?

Os executivos mais importantes da empresa iam contando piada e cantando comigo na van, fiquei amigo de todos! Depois disso foram vários *happy hours* e aniversários — até o presidente da empresa pegava carona de vez em quando na nossa supervan. A empresa tinha centenas de funcionários, e eu ali, no meio da nata da nata. De um jeito natural e encontrando a alegria em cada momento.

NADA DE CAMINHO TORTO

Ali tive uma grande experiência ligada à ética. Como fechávamos contratos com um número grande de veículos, ouvi de um possível fornecedor que ele me compensaria em dinheiro se eu o ajudasse a ganhar a licitação. Pensei: "Que loucura, os caras queriam me pagar para influenciar a comprar deles." Neguei na mesma hora, e olha que eu nem era o cara da caneta pesada. Eu tinha orgulho do meu trabalho e defendia a empresa como se fosse minha. Como contei no capítulo 4, prometi à minha mãe ser uma pessoa do bem, e nunca tive pressa para ficar rico. Para que ganhar dinheiro de maneira errada? Não tenho essa ganância.

Passado um tempinho, o chefe do meu chefe envolveu-se em um escândalo. Foi mandado embora em público, porque descobriram um esquema ilícito dentro da empresa. Imagina se eu estivesse nesse rolo? A minha mãe estava certa: "como é bom ser bom", não é mesmo?

Com um ano de Vésper, surgiu uma oportunidade em outra *startup* grande, a Intecom. Era uma empresa do Grupo J. P. Morgan junto com o Grupo Martins, de Uberlândia, o maior atacadista do Brasil. Eu pensei: "Nossa, vai ser uma experiência incrível!" Envolvia logística e tecnologia, na época da bolha das empresas ponto com. Minha responsabilidade era preparar propostas para o desenvolvimento de novos negócios, de dentro do escritório.

Como tinha facilidade de me relacionar, por tratar todos de maneira igual, fiz amizade com o Paulo Silveira, que presidia a Intecom e era um profissional de competência reconhecida publicamente. Pensei: "Esse é um cara bacana, quero estar perto dele" e fomos estreitando naturalmente a amizade, até o dia em que ele me chamou a atenção:

— Fábio, o que você tá fazendo aí, no departamento de logística? Preparando propostas? Deveria estar no comercial, você é de venda.

Eu não tinha pensado nisso, mas ele foi enfático ao falar que eu era um cara de relacionamento e completou:

— Você vai andar comigo.

— Acompanhar o CEO? Noooossa! Esse presente não tem preço – respondi, entusiasmado.

Paulo me levava em várias das suas reuniões importantes, e eu o ouvia, procurava aprender com aquele baita vendedor. Ele dava um show! Chegou o dia em que começou a me chamar para ir à casa dele em São Paulo e à casa de campo em Vinhedo. Ele me tratava como uma pessoa normal, e eu fazia o mesmo com ele. Às vezes, a gente endeusa as pessoas e esquece que todo mundo é gente normal! Chegou a minha vez de chamar a atenção dele:

— Paulo, olha que legal, você é o presidente da empresa, um cara jovem. Sabe tudo da parte comercial, da logística, do financeiro, toca uma empresa como poucos. Só que você não é o dono.

Ele, inclusive com razão, tinha aquele orgulho de dizer que era o "presidente da empresa" Brincando, eu continuei dizendo que se os acionistas dissessem "deita", ele teria que deitar; "rola", ele teria que rolar. Ele respondeu que tinha 1,5% da empresa. Mas insisti: aquilo não era ser dono.

— Você é muito bom. Mas não é o dono. E dono é dono. É melhor do que qualquer coisa. Manda na própria vida.

Paulo, no auge de seus 45 anos, ficou incomodado de ter um moleque de 25 falando esse tipo de coisa a ele. Até que um dia, na Intecom, enquanto a gente trabalhava, me lançou a frase mágica:

— Fábio, vamos montar uma empresa?

— Nossa senhora! Agora você tá falando a minha língua. Vamos lá!

Paulo disse que íamos vender tecnologia *wireless* para força de vendas, que estava começando por causa dos novos celulares. Eu não tinha ideia do que se tratava, mas já estava dentro. No minuto seguinte, ele me disse:

— Você vai ficar com 1,5%. Tudo bem?

Claro que não era o que eu tinha visualizado como "dono", mas e daí? Era o meu começo! Ele acabou fazendo comigo o que fizeram com ele: para atrair um executivo, empresas dão um pequeno percentual. Continuei trabalhando na Intecom durante o dia e arregaçava as mangas à noite pela nossa empresa. Paulo chamou um terceiro sócio, fera em tecnologia, oferecendo 5%, e ficou com o restante.

Depois disso, Paulo juntou suas milhas e eu embarquei para San Diego, nos Estados Unidos, para desbravar uma das maiores feiras de tecnologia da época. Até então, eu só havia viajado para o exterior uma vez, com quinze anos, quando meu pai me proporcionou conhecer a Disney. Encantado, pensei: "Olha eu aqui, em viagem de negócios à Califórnia." Estava conhecendo um lugar novo, fazendo o que eu queria, começando a sentir o gostinho de ter o meu negócio. Pensava: "Se eu conseguir fazer dinheiro, posso viver assim." Era mágico! Tinha dado um salto de ficar no computador da Intecom, enviando propostas comerciais, para aquele grande evento de *wireless* na Califórnia, negociando algo para o meu empreendimento.

Naquela feira, eu conversei com todo mundo, fui a todos os estandes, peguei um monte de cartões, fiz várias reuniões entre potenciais parceiros com meus sócios no Brasil por conferência, e também me diverti com o pessoal. Até fui convidado para ver o pôr do sol em um iate.

Wireless, naquela época, era uma tecnologia promissora, e eu fiquei fascinado com o assunto. Em uma manhã em San Diego, acordei só para pôr moedas no parquímetro onde havia estacionado o carro alugado. Quando voltei, tinha recebido quarenta ligações no albergue. A família inteira e amigos estavam me procurando. Era uma manhã comum, porém em um dia histórico: 11 de setembro de 2001. Um pedreiro me abordou, dizendo que dezoito aviões estavam caindo nos Estados Unidos inteiro. Pensei: "Nossa, o cara tá bêbado!" Aos poucos fui tendo dimensão do que estava acontecendo. O atentado às Torres Gêmeas, em Nova York; ao Pentágono, em Washington… Não eram dezoito aviões, mas a situação era bem séria. No rádio dizia que estava tudo fechado, exceto o centro de exposições onde acontecia a feira de *wireless*.

Ao longo do dia vi que não tinha mais voo para voltar ao Brasil. Ainda mais com milhas, seria o último da fila. Naquele momento, eu precisava ter atitude. Tinha que pensar simples e direto. Questão de sobrevivência. Eu tinha que ir para o aeroporto. Às vezes, as pessoas ficam paralisadas, mas é preciso engolir o medo e ir tentar. Conversei com uma funcionária da American Airlines, expliquei minha situação e descobri que a avó dela era do Brasil. Fiquei amigo da moça, que acabou me encaixando no primeiro voo partindo para o Brasil e ainda me deu um *upgrade*.

Tudo é possível de pedir quando vamos com humildade. Às vezes, as pessoas não sabem como nos ajudar, só precisam do nosso pedido. Quem não gosta de estender uma mão, de ser útil para alguém? Ainda mais se for algo ao seu alcance. Ela prestou atenção à minha situação e me mandou de volta para o Brasil.

Eu queria poder dizer que nossa aposta em *wireless* foi certeira, que nossa empresa prosperou e que ganhamos dinheiro. Não foi o caso. Esse mercado ainda era imaturo na época, estávamos à frente do nosso tempo e não pagava as contas, muito menos uma equipe, ou seja, eu tinha que montar plano de negócio, bolar os produtos e vender, além de pôr água no bebedouro e papel no banheiro. Cheguei à seguinte conclusão: "Bom, se é para fazer tudo na empresa, vou fazer na MINHA empresa." Chamei o Paulo, sócio majoritário, para uma conversa franca e comuniquei minha gratidão pela oportunidade, mas que eu ia sair e montar uma empresa com dois amigos. Dessa vez, com 33%.

QUER MONTAR ALGO COMIGO?

Quando resolvi sair daquela sociedade para vender soluções *wireless* e montar meu negócio, eu não sabia o que seria ainda. Simplesmente cheguei para os meus amigos de Ribeirão Preto e região, e coloquei as cartas na mesa. Eu não aguentava mais a vontade de ter o meu negócio. Para um amigo médico, sugeri, brincando, montarmos um hospital. Falei com outro, |e ele me disse entusiasmadíssimo que tinha passado em um teste para *trainee* em uma grande empresa. Finalmente, achei dois cúmplices para o meu sonho: Eduardo Bredariol, que também é de Ribeirão Preto e meu sócio-irmão até hoje, e Rodrigo Baracat, que é de Tupã, outro amigo-irmão.

Os dois entraram na ideia. O Eduardo tinha DNA financeiro, estudou na Fundação Getúlio Vargas, tinha dois mestrados, dois doutorados, pós-doutorado, era maratonista, jogador de futebol, faixa preta em karatê, entre outras habilidades, praticamente um ninja. Contudo, não tinha aquela paciência com os relacionamentos comerciais. Seu talento nato para fazer contas casava com meu gosto por abrir novas frentes e trazer novos clientes. O Rodrigo era engenheiro agrônomo pela Unesp, com mestrado e doutorado, geólogo, piloto de avião, mergulhador, praticamente um super-herói. Um inquieto por natureza. Trabalhava na usina da família, mas sempre acompanhou humildemente e de igual para igual o nosso ritmo mais modesto. Um grande amigo de muito valor. Uma coisa é você querer e *precisar* empreender. A outra coisa é você não precisar e querer. Parece sutil, mas admiro muito quem se desloca da famosa zona de conforto. Então, propus:

— Pessoal, estou saindo do emprego na Intercom e do negócio de *wireless*. Eu me jogo. Vou mergulhar no nosso negócio sem salário, e vocês me "guentam" com as despesas básicas.

Eu já morava com o Eduardo, em São Paulo, naquele apartamento onde escrevi nossos mandamentos na parede de madeirite, como já contei. Pois bem: um pagou o aluguel, a luz e o arroz, o outro bancou telefone, a internet e a balada – uma verdadeira experiência de viver de favor dos amigos. Se eu saí dos empregos com alguma reserva? Não. Meu estilo de vida era ir ao limite do que dava para fazer. Jovem, solteiro, eu não perdia nenhuma oportunidade. Pensava que só precisava vender e fazer o mês seguinte. Com os aprendizados e minha jornada, não sugiro repetir isso em casa.

Esse senso de urgência, de precisar "fazer acontecer", me ajudou também a investir a sério na nova jornada e turbinar esse início. Nossa empresa, a Brennor (**B**aracat + **Bred**arioli + **Ennor** – meu sobrenome), era nova. Não tinha semana da integração para nos dizer "bem-vindos, aqui funciona assim", nem estudo de mercado no PowerPoint. Tínhamos que criar tudo do zero. Começamos com o que sabíamos: um era da agricultura, o outro dominava o financeiro e eu era comercial. Decidimos, então, vender consultoria para o agronegócio, onde há muitas empresas familiares. Vendemos um projeto, para a própria família do Rodrigo, e ninguém mais se interessou. Os adversários diriam que tínhamos quebrado. Mas, na verdade a gente estava no pré-sucesso! Ou seja, era hora de aplicar a teoria: Está ruim? Muda.

Aí surgiu a ideia de ter uma cachaça artesanal, conceito que na época estava começando a ser mais comentado e principalmente entrando no mercado gourmet. Não tínhamos dinheiro para investir ou para comprar nada, mas fomos em frente mesmo assim. O que fazer de caixa vazio? Fomos beber na fonte. Visitamos uma grande feira do setor, em Belo Horizonte. Começamos a observar os produtores, conversar com os mais experientes, e decidimos não pegar uma cachaça deles para vender, mas sim criar um nome e pedir para um produtor envasar a nossa própria marca.

Os produtores queriam vender, e nós também, mas com um pequeno detalhe: tínhamos que fazer caixa rápido, para sobrevivermos. Em vez de negociar com supermercadistas, por exemplo, por vinte reais a garrafa, ganhando 10% de comissão, o que a gente fez? Compramos a mesma cachaça por dezoito reais, agregamos valor com a nossa marca e vendemos por 38 reais. Tinha que ter margem!

Conhecemos muitas fábricas, com vários trabalhadores cheios de histórias e interessados em fazer negócio, até encontrarmos o melhor parceiro. Havia produtores querendo passar adiante seu produto e um trio de empreendedores querendo alguma coisa boa para vender. Só que meu pensamento era: "Eu vou decidir quanto quero ganhar."

Assim nasceu a nossa querida Mito Brasil. Por gostar de design e de tecnologia, eu mesmo bolei um rótulo estiloso, na cozinha do nosso apartamento, e o pessoal aprovou. Eu gosto de coisa bonita, acho importante ter preocupação com a apresentação e se estamos passando a mensagem correta, porque histórias vendem.

Em seguida, tínhamos que dar um jeito de entrar no mercado de bebidas gourmet, que descobrimos ser bem desafiador. Colocava uma garrafa debaixo do braço e saía visitando bares, restaurantes e hotéis bacanas. Era difícil me darem ouvidos, mas só sabia de uma coisa: tinha que vender um mínimo de X caixas para pagar o aluguel, outras Y caixas para comprar comida. A cachaça era a minha moeda e ainda nos salvava quando aparecia alguém para cortar a luz. Ao presentear funcionários da distribuidora de energia para evitar o corte, fui percebendo que os caras não compravam cachaça, mas gostavam de ganhar.

ESPANHA

Começamos a vender a cachaça como sugestão de presente, de brinde de final de ano para festas das empresas. Estávamos atentos aos comportamentos que agregassem valor à nossa marca, justificando um preço mais alto. Onde dava para colocar o nosso produto, a gente ia. Se servisse para limpar vidro, venderia com o maior prazer. Com o passar do tempo, o Rodrigo foi sendo cada vez mais demandado pela empresa familiar e acabei seguindo com o Eduardo. Foi quando, um belo dia, ele me perguntou:

— Agora você está acordando na hora que quer, não é?

Enquanto isso, ele trabalhava feito um louco na indústria de papel e celulose e já pensava "eu quero ter um esquema desse igual do Fábio". Esse cara com doutorado, que presidia uma empresa com menos de trinta anos e poderia ser CEO onde escolhesse, não se sentia dono do próprio tempo. Olhava para mim, sem muito dinheiro, mas com controle da própria vida. Isso me motivou ainda mais!

Se eu quisesse fazer bastante dinheiro, bastava ter um plano para vender muito. Estava na minha mão procurar a coisa certa. Eduardo gostou da ideia e lançou o desafio de gerarmos mais dinheiro para bancar a vida dele também. Pediu demissão do invejado cargo, pegou o fundo de garantia dele e foi para a Espanha. Respirou os ares madrilenhos por um mês – algo inédito para quem ficava enfurnado em um escritório – e voltou dizendo que era ali que queria morar.

Concordei – ninguém tem que ficar onde não está bem. Pensaríamos em algo para vender do outro lado do oceano. Poderíamos exportar, entrar no comércio internacional. Não houve estudo de mercado para montarmos uma base em Madri, foi o amor de Eduardo pelo país – e por uma espanhola – que motivou essa oportunidade. É por isso que disse que primeiro a gente escolhe a vida que quer ter e depois traça um plano para pagar a conta. Se for o contrário, ou é muito sortudo, ou corre o risco de ganhar dinheiro, mas não ter a vida que você quer. O Eduardo foi para a Espanha com a cara e a coragem. Ou seja, eu fazendo malabarismo com quatro bolas para sobreviver em real, e ele, em euro! Mas os dois felizes, sempre com atitude e bom humor.

TEM QUE ESCOLHER BEM O SÓCIO

Dizem que sociedade é igual a casamento, mas, mesmo com uma alta taxa de divórcios, ninguém deixa de se casar. Tentamos acertar mais, errar menos e fazer o melhor para dar certo. Os dois lados têm que ser completamente independentes e estar juntos porque são mais fortes e mais felizes assim.

É muito gostoso poder contar com alguém que está no mesmo barco que você e complementa suas habilidades, trabalhando para crescer junto. Quando passamos por uma dificuldade real com a outra pessoa, criamos um vínculo. Acredito que o fato de ter morado junto com Eduardo e compartilhado alguns desafios do dia a dia tenha contribuído para montarmos uma política de "um bolso só". Muitas vezes, qualquer que fosse o valor, o Eduardo voltava com algum dinheiro que havia conseguido ganhar, chegava na sala e falava: "Toma aqui, pega metade e vamos em frente!" Até hoje monitoramos um ao outro. Não faz qualquer sentido um estar bem, sabendo que o outro não está.

Na sociedade também é importante reconhecer quem tem mais facilidade de trabalhar e como fazer uma parceria frutífera, sabendo suas forças e fraquezas para escolher sócios que sejam excelentes naquilo que você manda mal. Eu busco cavar oportunidades e fazer aproximação com potenciais clientes, procurando causar uma excelente impressão. Abro muitas portas, mas preciso de uma plataforma de retaguarda para dar vazão.

Tenho a tranquilidade para iniciar uma conversa com um desconhecido e promover um bate-papo para mapear e identificar possíveis oportunidades.

A partir daí começa a prova de revezamento, quando entra em cena alguém melhor que eu para dar continuidade. Como meu querido Ricardo Jordão, fundador da Biz Revolution, diz: nosso tempo é dividido em venda e entrega.

Em outras palavras, entenda quem vai escolher como seu sócio. Eduardo é uma luva para mim, virou o irmão que eu não tive, porque ele é um grande fazedor. Eu trago um monte de possibilidades, e ele vai analisando: isso aqui interessa, mas aquilo não; esse aqui não serve; isso é bom, dá para entregar. Daí em diante, é com ele, um fazedor nato. Para avançar nessa linha, seguem algumas reflexões que eu faço e talvez possam inspirar você:

1. *O que é sucesso? E para quê você quer conquistá-lo?* Se pergunte: é para construir algo? Ajudar pessoas? Ter liberdade? Sentir segurança? Acordar na hora que quer? Não há nada de errado em querer ganhar dinheiro, mas é importante deixar claro o porquê. Vale a pena pensar no seu objetivo, porque às vezes pode estar mais fácil do que imaginou.

2. *Depois que estiver satisfeito com sua decisão, não fique repensando.* Ouvi isso na apresentação de um esportista que dava dicas para incluir atividade física na vida. Se você resolver que vai correr no parque amanhã, evite ficar pensando no que deixará de fazer para encaixar essa atividade, ou acabará criando barreiras para chegar ao parque. Isso vale para decisões de saúde, de trabalho, de relacionamento. Eu decido seguir um rumo e saio marcando reuniões. Depois, não vou desmarcar. Eu vou a todas. Meu pai, por exemplo, estava animado para se mudar de Ribeirão Preto para Catanduva, para ficar perto da família. Daí, começou com a novela do "e se...". Às vezes, pensar demais atrapalha. Faça!

3. *Plante sementes em todos os lugares.* Aquele que pensa "eu vou só falar com quem tem a ver com o meu negócio" não sabe as oportunidades que está perdendo. Faço questão de tratar bem e de me interessar pelo que as pessoas falam, das que possuem os cargos mais simples até os CEOs. Não de uma forma artificial. Procuro me colocar disponível para

FAÇA SEMPRE O SEU MELHOR (MAIS? NÃO DÁ)

ajudar, ouvir e entender. Um exemplo simples: a moça do café pode, um dia, falar bem de mim à pessoa certa no lugar certo. E se não falar, tudo bem. O carinho e a atenção que você dá sempre tem voltam – se não for pela própria pessoa, vai ser por outra, ou então pela energia boa que você joga no universo;

4. *Nossa vida é feita para dar certo! Não tente atrapalhar.* Tem gente que se sabota e não deixa a vida fluir. Muitas vezes essa sabotagem se dá por meio de vícios, como cigarro e drogas, que todo mundo sabe que são prejudiciais, ou relacionamentos difíceis. Parece que há uma força interior direcionando para o lado ruim. Faça um esforço para parar de ir atrás de problemas, mudar de turma se necessário. É mais simples do que parece.

Para encerrar este capítulo, compartilho com você meus nove mandamentos da leveza produtiva. Eles não são regras, são orientações – linhas de pensamento – para que você faça as coisas com boas intenções. Então, se entregue e não se cobre tanto. Deixe a vida dar certo, porque ela sempre dá.

9 MANDAMENTOS DA LEVEZA PRODUTIVA

1. Valorize, mas não minta;
2. Quem fala a verdade não precisa ter boa memória;
3. A falta de problema é um problema;
4. Deixe seus exames de saúde sempre em dia;
5. Faça o que pode, o que está no seu controle;
6. Quer ter sucesso? Saiba claramente para quê;
7. Depois que estiver satisfeito com sua decisão, não fique repensando;
8. Plante sementes em todos os lugares;
9. Nossa vida é feita pra dar certo! Não tente atrapalhar.

6
A VENDA SEMPRE ME SALVOU

Em tudo o que fiz, desde muito moleque lá no Tiro de Guerra, o que me salvou e me fez construir meu futuro sempre foi a venda e meu lado vendedor. Aconselho para as pessoas escolherem exatamente a vida que querem, e depois perguntarem: "Como é que vou pagar esta conta?" A minha resposta foi: com vendas. A venda é tão importante na minha vida que dediquei um capítulo só para ela.

Para conseguir o dinheiro que pagaria meu ideal de vida, eu tinha que ter um plano. Um plano que resolvesse meu maior dilema, que era acordar na hora em que eu queria, não sendo uma pessoa rica. O que eu poderia vender, que me desse o lucro suficiente para não precisar ficar fazendo o que não quero das oito da manhã às oito da noite? Qualquer coisa que atendesse a esse meu plano teria seu valor, fosse produto ou serviço. Se você pensar bem, todos os negócios e atividades exigem vender algo, a começar por seu esforço, sua criatividade, seu profissionalismo, até seu tempo, que é comprado pelos clientes ou empregadores.

Pense em um supermercado. Cada um daqueles 10 mil itens está vendendo algo para alguém. Em tudo existe troca e negociação. Se eu conseguisse pensar em um produto que não tomasse totalmente o meu tempo e ainda trouxesse lucro recorrente para o bolso, seria excelente, porque, sem ter de investir capital ou grande esforço, colocaria a roda para girar. Eu tinha que primeiro resolver o meu desafio de pagar as contas e ainda sobrar tempo – para acordar na hora em que eu queria. Uma solução inicial foi algo que está ao alcance de qualquer pessoa, a representação comercial – mas, até ter essa sacada, passei por várias atividades e empregos.

A venda salva, dá a vida que você quer, e mais, você não precisa necessariamente abrir uma empresa. O certo é você estar bem. Estamos falando de atitude, tomar as rédeas da própria vida. A vida do empreendedor não é a única ideal, o único ideal que importa é *o seu*! Tudo tem seus pontos positivos e negativos. Tenho até um exemplo de sensação maravilhosa da vida executiva e que não é possível em uma empresa própria, que é o delicioso ato de pedir demissão.

Por gostar de abrir várias frentes, você já deve imaginar que vender cachaça foi só o início. Eu pensava que, se tivesse uma frente só, quando ela estivesse ruim, eu não poderia acordar na hora em que eu queria, então, com várias frentes independentes, quando uma estava ruim, a outra estava boa para compensar. Liguei o radar para outros produtos, incluindo café – e esse foi casamenteiro, pois acabei casando com a filha do cafeicultor (aliás, beba Vitale Café, que eu ganho pontos na família, combinado?).

Para entrar no mercado, a regra é clara: eu proponho ao produtor ajudar a vender um pouco mais do produto e ele, em troca, me dá um pedacinho do resultado. É bom para os dois. Eu vou conseguir aumentar a venda, e ele não estava contando com esse dinheiro, então vale a pena dar um pouquinho do valor para o cara que trouxe. É a lógica da representação, e uso muito esse modelo de negócio. É diferente do que fizemos com a cachaça: nos dá menor margem de lucro, mas também temos menos trabalho e nenhum risco financeiro.

Particularmente, me adapto muito bem com representação. É só me envolver com bons produtos e empresas que funcionam bem – entregando rigorosamente o que foi vendido e combinado, por exemplo –, filtrando as melhores. Sempre vai ter uma que não está vendendo em algum lugar para eu poder ajudar. Na área de supermercados, é assim. É só observar, que você vai ver coisas que um tem e o outro, não. Daí, vale perguntar a esse segundo por que não tem determinado produto e tentar viabilizar. Há mais de 10 mil itens em um supermercado grande, e vários precisam de representação comercial.

Certa vez, apareceu um espanhol dizendo que tinha sêmola de grano duro para vender. Eu pensei: "E como é que se vende isso? Eu não sei nem o que é isso, nunca ouvi falar." Perguntei onde aquilo era usado e fui apresentado ao macarrão de grano duro. O que até uma criança faria? Ir ao supermercado e ver as marcas existentes. Ali mesmo, procurei na embalagem o contato dos fabricantes, anotei os telefones, liguei e ofereci a sêmola. Ouvi alguns nãos, mas teve uma marca que topou receber a nossa apresentação. Mandamos amostra para eles e para mais uns três. Podia ser que ninguém comprasse, mas nossa matéria-prima estava com um preço bom e, de repente, recebemos a encomenda de um contêiner. Pronto, veio a comissão! Qual MBA é precisa ter para tomar essa atitude? E qual esforço fora do comum? Muita coisa não dá retorno – a maioria, na verdade –, mas vamos tentando até emplacar.

Talvez você diga que está preso a um emprego só por causa do dinheiro, pois se sair de lá não terá como pagar as contas. Mas quantas toneladas de sêmola de grano duro você precisa vender para ter a vida que quer? Dez? Cem? Mil? Monte seu plano.

Literalmente qualquer produto – capa de bujão de gás, fita crepe, esmalte – tem alguém vendendo e recebendo comissão. Quem usa? Qual o nicho? Onde tem, ou deveria ter, para comprar? As respostas vão desenhar uma trilha que talvez seja um caminho. A própria fábrica mandou diretamente a sêmola para a indústria transformar no macarrão dela, que por sua vez vendia aos distribuidores e atacadistas, e, para mim, gerava um valor de comissão. Encontrei na representação comercial uma forma de não trocar meu tempo diretamente por dinheiro. Dava para acumular e ter recorrência. Definitivamente não queria ter uma única fonte pagadora e nem apenas um cliente, para poder continuar com minha liberdade de acordar na hora escolhida.

PRODUTOS DE MAIOR GIRO

Nossa oportunidade de trabalhar com um produto de giro maior surgiu em 2006, distribuindo polpas de fruta congeladas Brasfrut na Grande São Paulo e no litoral paulista. Demandava o esforço de abrir negociação, principalmente com os atacados e supermercados, e depois ir entregando e gerenciando. Como distribuidores das polpas congeladas, agregamos alguns outros itens do mesmo segmento que nos proporcionaram um certo fluxo recorrente.

Nessa época, tive minha primeira grande aula de fluxo de caixa na vida real. Fui entender a máxima que diz que prejuízo causa a morte lenta das empresas; porém, fluxo de caixa mal gerido pode ser morte súbita! Cheguei a pensar que nunca mais conseguiríamos tapar aquele buraco. Naquela departamentalização de problemas que eu faço, essa caixinha estava bem complicada. Junto com a caixinha da minha mãe em depressão e a outra caixinha da saúde, com o melanoma.

Como não deixo contaminar as áreas que vão bem, eu mantinha o clima de lua de mel com minha esposa, com quem havia recém-casado, enquanto o restante estava desmoronando. Eu procurava equilibrar os pratinhos, tentando não deixar nenhum cair. Precisa trabalhar mais? Sem problema. Até brincava com um amigo que eu não achava ruim ter de remar mais rápido; ruim é não poder parar de remar. Foi quando encontramos um novo sócio, o Aguiar, um administrador eficiente e à moda antiga, que foi muito importante para nos ajudar a voltar para os trilhos. Remamos muito, foi cansativo, mas aos poucos conseguimos respirar, a visão foi ficando mais clara, e, com mais tranquilidade, pudemos trabalhar melhor.

A experiência com as polpas de fruta nos mostrou que, no nosso caso, valia a pena focar em produtos de giro médio – nem pequeno, como cachaça gourmet, nem altíssimo, como um refrigerante. Assim, não brigávamos com gente grande. Por exemplo, não tem, ainda, uma Nestlé ou Coca-Cola vendendo polpas de fruta.

Nosso nicho é o intermediário: acabamos nos especializando em alimentos congelados. É uma tendência, por causa da praticidade, principalmente, e é um mercado intermediário que não interessa muito aos gigantes. Entregando o que prometemos e convivendo com os clientes, fomos procurando oportunidades com novos produtos. Primeiro, conheci um fabricante de polentas congeladas. Depois, com o Eduardo estabelecido na Espanha, iniciamos as importações de vegetais, molho de tomate, pescados, entre outros. Assim, a nossa empresa, Rottus, vem crescendo um passo de cada vez, de acordo com nossas pernas e as oportunidades do mercado.

FORMAMOS UM GRUPO

Ficamos tão especialistas em abrir frentes comerciais que abrimos uma prestadora de serviço que funciona como terceirização da área de comércio internacional de uma empresa, para empresas europeias no Brasil. Sem a gente, uma empresa pode pegar um avião, vir em missões comerciais, visitar clientes e vender. Depois tem que entregar, administrar essa relação, organizar o pós-venda. Mas surgem os desafios de desbravar um novo mercado: essa empresa sabe se a embalagem e o rótulo estão corretos, conforme a regulamentação brasileira? Pratica o preço ideal? Conhece os concorrentes e os gostos do seu público-alvo? Consegue avaliar se há abastecimento? Provavelmente não.

Mesmo se uma empresa estrangeira faz a primeira venda, o executivo volta para casa e fica esperando o segundo pedido – que não chega, na maioria dos casos, por vários motivos. Só para dar um exemplo, um concorrente pode tirar a etiqueta do preço marcado na gôndola ou passar o produto importado para a prateleira de baixo. Daí o consumidor não vê e não compra. Como um cara na Espanha vai conseguir controlar isso? Para complicar, muitas vezes a validade vence. Surgindo qualquer problema como esse, o supermercado envia a conta para o espanhol pagar. Esse é o mercado. Nós chegamos para o pessoal da Espanha e nos oferecemos para terceirizar a área de expansão internacional. Ele não precisaria vir ao Brasil. Nós vendemos, armazenamos, entregamos, arrumamos o produto nos pontos com visibilidade, supervisionamos, promovemos, fazemos degustações. Com isso, conseguimos ter uma estrutura com custos mais otimizados do que se a indústria tentasse fazer direto. Pronto, agregamos valor.

Com o Eduardo morando na Espanha, constituímos outra empresa, a MotivaDuo, sediada em Madri, que trabalha como um *broker* direto com clientes em todo o Brasil, ou em conjunto com a Rottus, utilizando a estrutura de importação, armazenagem e distribuição, para dar esse suporte personalizado, envolvendo todas as etapas desde a produção até a chegada dos produtos ao consumidor final brasileiro. Fomos ganhando escala, agregando produtos e serviços. O que me lembrou de uma frase que Luis Fernando Furlan, "sempre-ministro", me disse uma vez: "Na crise, temos que buscar novos mercados para nossos produtos tradicionais, e novos produtos para nossos clientes tradicionais."

A nossa empresa já nasceu em "crise", sem clientes, sem faturamento. Era o que chamamos hoje de *startup*. Sendo assim, ajustamos o termostato para sempre buscar novos produtos e novos mercados.

VITRINE FRANCESA

A propósito, conversando com meu amigo Olivier Virthe, que conheci na rede Pão de Açúcar, soube de uma oportunidade sensacional: aconteceria em 2005 o evento "Ano do Brasil na França". Era uma iniciativa do governo dos dois países, com o objetivo de aprofundar as relações no âmbito cultural e econômico. Pensei: "Temos que participar desse negócio."

A nossa cachaça foi parar na França, através do Grupo Pão de Açúcar,[10] que, junto com o grupo francês Casino e a Apex-Brasil (Agência Brasileira de Promoção de Exportações e Investimentos), escolheram em torno de duzentos produtos para levar ao evento.[11] Três deles simbolizaram o sabor brasileiro: guaraná Antarctica, suco Del Valle e cachaça Mito Brasil. Isso significa que a França inteira estava enfeitada com imagens do nosso produto. Foi uma vitrine e tanto. O evento mobilizou mais de 2 milhões de franceses e obteve grande retorno de mídia, atingindo os principais veículos de comunicação do país durante quase todo o ano de 2005.

Entregamos ao supermercado um contêiner cheio de Mito Brasil, nossa maior venda até então. Produto genuinamente brasileiro à disposição do exigente consumidor europeu. Eles só conheciam a caipirinha, então tiveram a chance de experimentar nossa verdadeira "cachaça" *in natura*.

---

10 SOARES, A. P. Cachaça artesanal Mito Brasil chega às gôndolas francesas. **Página rural**, 29 abr. 2005. Disponível em: https://www.paginarural.com.br/noticia/14883/cachaca-artesanal-mito-brasil-chega-as-gondolas-francesas. Acesso em: 2 jul. 2021.

11 FIORI, M. Ano do Brasil na França aumenta mais de 16% as exportações brasileiras. **Agência Brasil**, 1 jun. 2005. Disponível em: http://memoria.ebc.com.br/agenciabrasil/noticia/2005-06-01/ano-do-brasil-na-franca-aumenta-mais-de-16-exportacoes-brasileiras. Acesso em: 2 jul. 2021

No lançamento do projeto, dentro do Palácio do Planalto, havia imagens da marca por todos os lados. Que gostoso ver o negócio que criamos na cozinha da nossa república! Adotamos medidas específicas para atender às exigências do país, tais como rótulo traduzido para o francês, tag decorativa com receita da tradicional caipirinha e sistema de rastreamento.

A gente queria exportar e acabou pegando uma carona gigantesca no marketing da Apex e do Pão de Açúcar. Porém, tivemos um aprendizado: como não fizemos um trabalho comercial intenso para aproveitar essa visibilidade lá na França após o evento, esse marketing se perdeu. Se tivéssemos alguma estrutura lá para engatar contatos e entrar talvez entrar em outras redes de supermercado europeias, teria sido excelente, mas não tínhamos, estávamos aprendendo. Esse fato inclusive validou a mão inversa que era nosso serviço para as empresas europeias aqui no Brasil. Não existia uma empresa como a nossa Rottus para nos ajudar lá na França. Gastar dinheiro com marketing é muito fácil e, por isso, perigoso. Tem que ter uma estratégia bem clara para conseguir o retorno, se não a divulgação evapora, feito álcool. Trazendo esse aprendizado para os dias de hoje, busco sempre investir em iniciativas que provoquem situações reais de venda, não apenas de visibilidade.

DE GARRAFA A GRANEL E DEPOIS A NADA

Continuamos trabalhando a Mito Brasil, tentando tudo, falando com Deus e o mundo. Eis que um americano, por causa do evento do Brasil na França, viu muita mídia sobre nosso produto e nos procurou. Steve Luttmann havia saído do grupo francês LMVH, que atua com bebidas de luxo em seu portfólio. Pretendia comercializar uma cachaça, que ganhou o nome de Leblon, e falou comigo por intermédio do seu sogro brasileiro, Roberto Stoll – por quem eu passei a ter uma grande admiração e amizade. Por estarmos em evidência, acabamos sendo seus intermediários, posto que a fábrica de cachaça não era nossa.

Tendo venda e cliente na mão, cheguei para o meu fornecedor com a novidade:

— Vamos vender a granel a partir de agora.

— Mas como?

— Em embalagens de 200 litros.

Eles levavam a bebida para engarrafar na França, com sua tecnologia impecável, do jeito que o americano queria, e mandavam para os Estados Unidos. Saíam caminhões e caminhões da cidade mineira de Pato de Minas. A garrafa que chegava ao consumidor era simplesmente maravilhosa.

Nosso trabalho era mandar e-mails, dar telefonemas, intermediando essa negociação, e receber nossa comissão. Acabávamos ganhando mais e tendo menos trabalho do que teríamos ao desbravar nossa marca. Essa foi uma grande mudança na minha visão, pois estava dando um trabalho imenso pegar as garrafas, criar a marca, tentar convencer os clientes, pôr em cada bar ou nas gôndolas de supermercados. Assim, passamos a vender a granel sem nem sermos donos da fábrica.

Começamos a passar os pedidos – "quero 2.000 litros", "quero 10.000 litros" – e pronto, só criamos o modelo do negócio. A Leblon ficou empolgada e resolveu comprar a fábrica em 2006, e nosso negócio deixou de ser necessário, mas valeu! Mesmo secando nossa vaca leiteira, conseguimos tirar mais duas grandes lições: a quantidade de esforço não é diretamente proporcional à quantidade de dinheiro que você gera, e estar bem assessorado juridicamente é essencial.

Ficamos sem produto, sem fábrica e sem comissão. Sobrou apenas a marca Mito Brasil e as histórias, é claro. No entanto, não busquei outro fabricante de cachaça por já estar atuando em outras frentes de trabalho. Viu como é interessante trabalhar em várias frentes? Quando uma não vai bem, você tem alternativas. Bons produtos ou serviços para vender nunca vão faltar.

CONTINUE VENDENDO

Minha primeira venda foi aos 9 anos, para comprar uma melancia. Estava com meu amigo Rodrigo Tavares Correa na piscina, curtindo o calor de Ribeirão Preto, e perto dali havia uma feira. Garoto gordinho, guloso… senti vontade de comer uma melancia fresquinha, suculenta, que

A VENDA SEMPRE ME SALVOU

parecia de longe olhar para nós. Não tínhamos dinheiro, mas analisamos nossos recursos, nossas habilidades e o potencial do mercado. Resumindo, pegamos o nosso material das brincadeiras, produzimos algumas pipas, fomos para o ponto de vendas e liquidamos todas. Eu me lembro de uma família, nossos primeiros clientes, que, aliás, pagaram muito bem pela primeira unidade.

Que bom que nosso produto tinha qualidade! Se fosse nos dias de hoje, a gente poderia ter alugado pipas por minuto. Afinal, basta ter acesso, sem precisar possuir uma pipa. Você não imagina o sabor que aquela simples fruta, comprada com o nosso dinheiro, teve para nós!

Hoje em dia, já tem muita gente boa no mercado de palestras, livros, consultoria, treinamentos, ensinando sobre vendas. Por isso, estamos bem servidos, então não espere encontrar aqui um manual de técnicas. Eu gosto mesmo é de falar de venda como estilo de vida, pois ela me trouxe uma vida independente, e tempo para criar bons momentos. Nos projetos por onde andei, sempre foi a venda que puxou tudo, ela é o oxigênio da empresa. Se eu entrar em um prédio de escritórios e subir, andar por andar, me oferecendo para aumentar a venda deles em X%, vou ouvir ao menos de uma pessoa: "Me conta mais sobre a sua proposta." Claro que isso é um exemplo superficial, porque você precisa conhecer do produto da empresa e pensar como trazer uma venda que ele não tem, mas todas as empresas querem saber como aumentar suas vendas.

Na hora que você vende uma ideia, um produto, um serviço, uma solução, traz esperança. Todo mundo fica feliz – pode ser seu chefe, cliente ou ainda você mesmo. Para comer uma simples melancia, vendi algo que sabia que faria bem a alguém que pagou e me deixou lucro.

A ALEGRIA DE CONTAR COM A MINHA SUCESSORA

O que eu fiz com 9 anos, uma de minhas filhas repetiu recentemente. Um dia desses, quando estava perto de completar 7 anos, a Ana Luíza me surpreendeu dizendo que queria ser minha sócia. Tenho que dizer que escorreu uma lágrima de emoção por aqui.

É lógico que deixar uma boa reserva financeira para o futuro da família é excelente. Entretanto, para mim, o mais importante é transmitir às crianças aquela segurança de que elas se viram e vão estar sempre bem. A gente nunca sabe até quando dura a tal reserva financeira e saber criar dinheiro por meio da venda é uma segurança de vida incrível. Na hora que minhas filhas falarem "pai, fica tranquilo que eu me viro com as cartas que tenho nas mãos", não importando se há dinheiro ou não, mas de bem com a vida e agarradas em nossos princípios e valores fundamentais, significa que estou desempenhando bem o meu papel.

Respondi para a minha filha que éramos sócios desde já, e perguntei o que ela queria fazer. Ela respondeu que queria vender brigadeiros para ir para a Disney. Respondi que aquela era uma ótima ideia, e que precisávamos montar um plano. Calculamos quantos brigadeiros precisaríamos produzir. Eu propus, como sócio investidor, colocar cinquenta reais na primeira compra de matéria-prima, e fomos ao supermercado.

Fizemos os brigadeiros na cozinha de casa e colocamos para resfriar na geladeira. Só que, antes que montássemos as bolinhas, soubemos que minha cunhada e também vizinha estava preparando um churrasco e faltava a sobremesa. Adivinha? Eu havia saído de casa naquele momento, quando recebi a ligação da minha sócia:

— Pai, o pessoal está doido para comer um doce e quer comprar meu brigadeiro. Quanto eu cobro?

— O pessoal tem outras opções de doce?

Esses primeiros clientes pagaram sem pechinchar, comeram na colher mesmo e adoraram o nosso produto. Eu disse à Ana Luíza:

— Com esse dinheirinho, vamos reservar uma parte para comprar mais ingredientes e a outra você pode guardar para começar a comprar dólares.

A VISITA DO PRIMEIRO-MINISTRO ESPANHOL

Não só os produtos vendem, como as histórias vendem. Sempre soube que, para ser um bom vendedor, eu precisava ter histórias para contar.

Assim, fui criando várias, até surgir uma de visibilidade internacional: consegui chegar ao primeiro-ministro da Espanha, em outubro de 2003.

Descobri que estava para chegar a São Paulo o José María Aznar, o primeiro-ministro da Espanha, que exerceu o mandato entre maio de 1996 e abril de 2004, pelo Partido Popular. Precisávamos agregar valor à nossa cachaça para vendermos lá, no país que o meu sócio Eduardo havia escolhido para morar. Decidi que ia entregar pessoalmente uma garrafa àquele homem. Liguei para o consulado, perguntando como seria a agenda do primeiro-ministro. Responderam que ele tinha um encontro com o presidente do Brasil e também inauguraria uma exposição no MASP.

Eu pensei: "Bom, o melhor lugar para achar esse cara é no hotel." Descobri que ele ficaria hospedado no Sheraton Mofarrej – que, após sete meses fechado, reabriu em 2009 como Tivoli Mofarrej[12] – e fui até lá. Não consegui ser recebido pelo Aznar, mas eu tinha um plano B: tentar falar com o artista homenageado, autor das obras na mostra, o pintor espanhol Luis Feito.

Ligaram para o quarto dele e me passaram o telefone. Tive que ir direto ao ponto:

— Oi, Luis Feito, tudo bem? Aqui é o Fábio. Sou um grande admirador do seu trabalho. E vim entregar pessoalmente um *regalo*[13] em nome dos brasileiros.

É bom pegar a pessoa no susto. Ele respondeu, ainda surpreso, que iria até o saguão. Pedi a um funcionário que me mostrasse quem era, pois não o conhecia nem por foto, e esperei o artista descer. Demorou, até que notei um senhorzinho que rodava por ali, já parecendo incomodado. Eu me aproximei e pronunciei seu nome em voz alta, para ver se ele reagia. Funcionou. Eu o cumprimentei calorosamente e entreguei meu produto:

---

12 RODROL, L. Hotel Mofarrej reabre depois de sete meses fechado. **Terra**, 15 fev. 2009. Disponível em: https://www.terra.com.br/vida-e-estilo/turismo/hotel-mofarrej-reabre-depois-de-sete-meses-fechado,d608ff1693237310VgnCLD100000bbcceb0aRCRD.html. Acesso em: 2 jul. 2021.

13 Uma das únicas palavras que eu sabia em espanhol: significa "presente".

— Ôôôh, Luis Feito, como você está? Eu trouxe um presente, porque gostamos muito do seu trabalho aqui no Brasil!

— É mesmo? Nem eu sabia que era tão conhecido assim por aqui...

— Pois é. Aproveitando, eu também quero dar uma cachaça como essa ao seu amigo, o Aznar.

— É mesmo? Então, vá ao lançamento da minha exposição no MASP hoje à noite, que eu o apresento a ele.

Perfeito. Eu tinha uma chance! Fui ao MASP com mais uma cachaça na mão. Chegando lá, o local estava cheio de policiais e seguranças importados da Espanha, protegendo o meu alvo. Achei que estava garantido, devido à promessa do artista, mas ia dar mais trabalho do que eu imaginava. Fui até um deles e lancei:

— Meu amigo, isto aqui é um presente para o primeiro-ministro, e eu quero entregar pessoalmente ao Aznar.

Em espanhol, o cara falou que eu estava maluco de querer chegar perto do primeiro-ministro segurando uma garrafa. Eu respondi:

— Não tem problema. O senhor só me dá o seu nome.

Neste momento, ele pediu para eu falar com outro segurança. Continuei nessa linha de conversa, arrumei umas justificativas e acabei entrando com a garrafa na mão. Levei um amigo como meu fotógrafo. E deixo aqui esta lição: não adianta o esforço sem ter o registro. Na hora que entrei, vi que a assessoria do Aznar tinha convidado muita gente de empresas espanholas, como Santander e Telefônica. Ou seja, o salão estava lotado. Fui até os jornalistas para saber como seria o esquema.

— Que esquema? Ah, você quer saber como vai ser o protocolo.

Um dos vários fotógrafos ali a postos me disse para ficar tranquilo, que eu ia entregar a cachaça ao Aznar, bastava ficar no ponto certo. Lá no MASP tem um espaço vazado em que você vê todas as obras, e também uma antessala grande. O fotógrafo me explicou, apontando para os locais respectivos:

— O Aznar vai entrar por ali, falar naquele ponto. Quando ele retornar, vamos fotografá-lo aqui, e depois ele vai passar para aquela sala, onde estão as obras.

Perguntei se ele tinha certeza sobre tudo o que afirmava.

— Claro, está no protocolo.

QUANDO CRIAMOS MOMENTOS RELEVANTES, EMOCIONANTES OU DIVERTIDOS, POTENCIALIZAMOS NOSSOS ARGUMENTOS DE VENDA, CONSEGUIMOS ESTABELECER CONEXÕES DE EMPATIA COM OUTRAS PESSOAS E ELEVAMOS A NOSSA CREDIBILIDADE.

Fiquei ali com a garrafa, esperando, ansioso. O Aznar entrou, passou por nós, me segurei, foi ao ponto, fez o discurso, porém não retornou como o previsto – encurtou caminho indo direto para a sala das obras! Virei indignado para o informante, que me disse:

— Uai, ele quebrou o protocolo.

Meu fotógrafo e eu saímos correndo na multidão, enquanto o primeiro-ministro ia olhando obra por obra, e eu, atrasado, repetia, nervoso, "dá licença, dá licença!", enquanto atravessava a multidão. Perto de onde estava o ministro tinha mais uma barreira de segurança, que, por causa da cara de bravo que fiz, me deixou passar. Foi bem surreal, mas aconteceu – nem eu acreditei. Quando olhei, meu fotógrafo estava lá longe, no meio da multidão. Comecei a agitar:

— Cadê o meu fotógrafo? Preciso do meu fotógrafo. Por favor, deixem passar...

Consegui trazê-lo para perto. Assim, tudo resolvido até o momento, fui caminhando lentamente em direção ao Aznar enquanto ele terminava de ver as obras, quando ouvi:

— Fábio!!! — gritou Luis.

— Graaaaande Luis Feito, tudo bem?

— Aznar, esse aqui é o Fábio, ele adora minhas obras e queria te dar uma cachaça em nome dos brasileiros.

— Aznar, esse presente é em nome do comércio bilateral entre os países. Isso aqui é o símbolo da aproximação Brasil-Espanha. Queremos exportar nossa cachaça Mito Brasil e, para isso, gostaríamos que o senhor conhecesse o verdadeiro espírito do Brasil!

Ele agradeceu. Logo veio um segurança e tirou a garrafa da mão dele. Não! Faltava a foto. Segurei de volta e armei a pose para a câmera. Meu amigo fez o clique final, porém sem enquadrar direito e só apareceu a tampinha da garrafa.

— Meu amigo, com todo esse esforço, como que você me corta a garrafa da foto?

Mas tudo bem, não sou de reclamar da vida. Ficou na memória.

Tirei outra foto com a Mito Brasil e o segurança. Valeu a história para contar.

A VENDA SEMPRE ME SALVOU

Arquivo pessoal

Quando criamos momentos relevantes, emocionantes ou divertidos, potencializamos nossos argumentos de venda, conseguimos estabelecer conexões de empatia com outras pessoas e elevamos a nossa credibilidade. Tanto a nossa, quanto do produto que representamos. Uma coisa é você tomar uma cachaça comum. Outra é tomar a mesma que o primeiro-ministro da Espanha!

PARA O NOSSO PRESIDENTE TAMBÉM

No ano seguinte, em 2004, eu soube que o presidente do Brasil à época, Luiz Inácio Lula da Silva, passaria por Ribeirão Preto para visitar a Agrishow, uma das maiores feiras de Agronegócios do mundo. Como já estava me sentindo ambientado e acostumado com cerimoniais, entrei na sala de imprensa da feira já perguntando qual seria o protocolo – tinha aprendido com a experiência anterior. Contei que queria dar um presente ao Lula e mostrei uma maletinha super bacana com duas garrafas.

Mal acabei de perguntar, já recebi uma credencial e a orientação para chegar até ele. Por um momento, achei que a vida estava ficando mais fácil. Na primeira barreira, os seguranças viram minha credencial e me convidaram para entrar. "Uau, estou ficando importante!" Porém, logo na segunda barreira, aquela credencial não valia mais. Por que nunca é tão fácil?

Tentei mais um pouco. Usando aquela estratégia de dizer que era o presente do presidente e pedindo o nome do segurança quando me barravam, consegui alcançar um último ambiente onde estavam só os VIPs, presidentes das empresas expositoras, prefeitos das cidades próximas. Todos querendo cumprimentar a mesma personalidade que eu, é claro.

Falei com caras fardados, freiras, assessores. Enfim, nesse dia não consegui avançar mais. Tudo bem. Fiz minha parte. Em determinado momento, estava batendo um papo com o prefeito de Catanduva quando a porta de uma salinha ao lado do palanque foi aberta. Uma freira perguntou:

— Cadê o rapaz que quer entregar um presente ao presidente?

Lula ficou me olhando atentamente enquanto eu falava que estava incentivando a exportação desse produto tão brasileiro. Ele gostou e chamou o seu fotógrafo oficial para registrar o momento. Daí, bem nesse final de semana o jornal *The New York Times*[14] solta uma manchete explicando como o álcool estava afetando o então-presidente. Como daquela vez não era o meu fotógrafo, achei que ninguém me enviaria as fotos dele comigo e com as duas garrafas de cachaça. Na segunda-feira, às oito da manhã, comecei a telefonar para o gabinete, até que finalmente encontrei o fotógrafo oficial. Pedi para me enviar as fotos com urgência, alegando que ia mostrar em um treinamento da minha empresa. Até hoje não sei se peguei o fotógrafo de surpresa ou ele não devia ter visto as notícias do final de semana e me mandou a famosa foto. Virou uma outra história para contar.

CAMINHO BOM NEM SEMPRE É CURTO

Nessa busca de histórias que chamem a atenção de compradores, eu vou abrindo um monte de frentes, semeando relacionamentos, contando o que vendo a todo mundo. Quanto mais gente eu atingir, melhor.

---

14 "NYT" diz que excesso de álcool afeta Lula. **Folha de S. Paulo**, 8 mai. 2004. Disponível em: https://www1.folha.uol.com.br/folha/brasil/ult96u60695.shtml. Acesso em: 2 jul. 2021.

Sempre que surge uma oportunidade, eu me apresento, porque pelo menos algumas pessoas vão conectar uma ideia a partir daquilo.

O que a gente faz hoje ecoa na eternidade. Como diz a teoria do efeito borboleta, um simples bater de suas asas pode desencadear uma grande reação em outra parte do planeta, com resultados bem diferentes e maiores que o previsto. Enquanto está lendo isso, pode ser que dentro de você caiam algumas fichas sobre algo, que você dirá a alguém, e essa pessoa vai interpretar da forma dela e repassar a um terceiro. Coisas maravilhosas podem acontecer nessa corrente.

Alguns preferem ficar com sua mensagem contida, querendo falar só com "a pessoa certa". Mas quem é essa pessoa certa? A gente não sabe. O único jeito de chegar a alguém, para oferecer algo de que está precisando, pode ser por meio de um amigo ou parente da pessoa alvo, por exemplo. Muitas vezes, o melhor caminho pode não ser o mais curto. O Waze, aplicativo de rotas de trânsito, comprova a ideia, ainda mais quando o tráfego é levado em consideração.

Em muitas situações é melhor ser apresentado por alguém que diga que você é bom do que você mesmo dizer que é bom. Essa sutileza tem de existir, porque é desagradável quando a pessoa fica tentando vender de uma forma ostensiva – e a verdade é que, quanto mais amigos e conhecidos, melhor, mais experiências, mais aventuras, mais histórias para compartilhar. Meu pai, que era um corretor de imóveis bastante eficiente, me falou certa vez que o melhor dos mundos é vender quando você não precisa vender. O apelo típico "oi, compra para me ajudar" é um tiro no pé. O comprador pode até topar, mas querendo que você suma da frente dele. Em uma próxima oportunidade vai mudar de calçada para evitar cumprimentá-lo. Quem "precisa" vender geralmente faz mau negócio. Agora, quem está tranquilo, pode dizer:

— Tenho um negócio que é sensacional, muito bom mesmo. Mas, se não quiser nesse momento, fica tranquilo.

A abordagem fica diferente, com mais leveza, sem pressão. E olha que já passei bons períodos comendo risoto de caipirinha, sem dinheiro, sem perspectiva. Meu pai orientaria uma aula de teatro: respirar fundo, ter sangue frio e fazer cara de tranquilo para o cliente. Quando comecei a tentar vender, passei por apertos, mas sempre procurei manter aquela vibração positiva.

Na história do abacaxi, por exemplo, eu procurei fazer o que meu pai me ensinava. Não fui ansioso, ou não teria conseguido negociar aquele abacaxi lindo pela minha nota de um dólar da sorte, que rendeu meu grande "jantar". A gente, às vezes, simula coisas e situações até virar sua verdade. Por exemplo: tente fingir que não tem medo, que não sente vergonha e segue em frente mesmo assim. Quando menos esperar, estará fazendo o impossível.

Certa vez, em um restaurante em Catanduva, minha filha mais velha estava em uma rodinha de crianças quando cada uma começou a contar o que seu pai fazia da vida. Uma disse que o pai era médico, o de outra era advogado e o de outra era fazendeiro e criava bois. Eu fiquei só observando, curioso para saber o que a Ana Luíza responderia quando chegasse a sua vez. Ela me deu uma olhadinha e emendou:

— Meu pai vende as coisas.

Eu achei a conclusão dela espetacular. Embora fosse uma resposta um pouco fora do padrão, todas as crianças encararam normalmente, e a Ana Luíza falou a verdade, meu negócio é esse. Eu vendo tanto polpa de acerola, ervilhas congeladas e vinhos espanhóis na importadora, quanto vendo filiações e patrocínio no LIDE e ideias no Walking Together. A resposta dela me lembrou de quando Dona Odete, avó da Carolina, no começo do nosso namoro, perguntou para sua filha Keka:

— Afinal, o que o Mesha faz?

Para algumas pessoas tradicionais, fica realmente difícil entender que, mesmo morando em Catanduva, eu esteja envolvido na distribuição de alimentos às redes de supermercados em São Paulo e no dia seguinte saía no jornal ao lado do Príncipe de Mônaco ou do primeiro-ministro da Espanha, por exemplo, ou ainda, logo depois, contasse na mesa do jantar como foi incrível dar uma palestra para incentivar mais de quatrocentas pessoas a não reclamarem da vida e terem atitudes transformadoras. São muitas as frentes que eu abri, mas todas elas possuem a venda no DNA, no coração das atividades. Vender e me relacionar é o que fez a minha vida, e é a minha paixão.

Se minha filha já tivesse nascido na época, teria ido direto ao ponto e explicado, em poucas palavras, o que eu faço: eu vendo as coisas. A Ana Luíza pegou o ponto principal da minha vida e expressou com simplicidade, a mesma simplicidade que busco neste livro. Eu vibro com as realizações do dia a dia, mesmo as mais simples, sem querer ser melhor do que ninguém. Não era nem para eu estar aqui. Dou muita importância à venda para proporcionar uma vida feliz.

Vejo a venda como uma prática democrática, porque é um estilo de vida acessível a todos. Para quase tudo, tem gente ganhando comissão em cima. É bem provável que, para onde você olhar nesse momento, para chegar até você, profissionais ganharam sua porcentagem. Para um cara que me diz não saber como ganhar dinheiro, eu brinco: já foi a um supermercado? Então, volta lá e vê quais produtos estão faltando na gôndola. Existe uma oportunidade ali precisando de solução. Tem produto ou serviço para lançar ou preencher aquela ruptura. Ou até mesmo sugerir uma segunda marca para a loja. Vale ligar para uma empresa e contar:

— Seu produto tá mal arrumado ali.

Ou ainda:

— Identifiquei que naquele supermercado não estão entregando o seu produto, mas os consumidores procuram. Gostaria de representar vocês.

Agindo assim, você leva a solução para o cara. Pode ser que dê certo, pode ser que não. É importante perguntar-se qual problema você consegue resolver. É aí que está uma oportunidade de venda. Sem falar, hoje em dia, na quantidade de oportunidades que existem no comércio on-line. Por exemplo, o que custa montar uma lojinha no Mercado Livre? Não precisa nem de estoque!

Você pode se fazer essa pergunta mesmo já tendo trabalho ou não precisando de dinheiro, simplesmente para abrir outras frentes – vira um hábito de identificar e resolver problemas, evitando, assim, estagnar na zona de conforto. Geralmente ocorre o contrário: só quando o sujeito fica sem trabalho é que começa a caçar uma ideia, alegando querer se reinventar. Vender pode ser a sua saída para ter a vida que imaginou no capítulo 2. Se for o caso, faça seu plano agora mesmo, botando atitude e bom humor!

7
WALKING TOGETHER, O PODER DE CAMINHAR JUNTO

ÁGUA MANSA NÃO FAZ BOM MARINHEIRO

Mesmo gostando de sossego, fico atento para não ficar muito tranquilão na zona de conforto, com sensação de "já ganhei". Na hora que os negócios estão muito tranquilos, olho para aquela margem de que algo pode dar errado e abro novas frentes para crescer. Acho interessante me colocar em uma situação de desconforto para ver de outra perspectiva se o meu caminho está bom. Abro novas frentes não por medo, mas porque faz parte de quem eu sou, me traz outras aventuras e é mais uma forma de trazer mais dinheiro e tempo, para levar a vida do jeito que eu gosto de viver.

Além disso, procuro sempre "dar chance para a sorte", ou seja, conectar e tentar ajudar o máximo de pessoas possível, frequentar o máximo de lugares e eventos de todos os tipos, multiplicar minhas fontes de ideias, informações e acessos. Faço isso com prazer porque gosto desse movimento e de viver as histórias que temos para contar. Essas pequenas atitudes se transformam nos pequenos momentos que colorem nossas vidas. É com esse espírito que nasceu nosso querido movimento Walking Together, para encontrar e conectar as pessoas mais gente boa do mundo que vivem fora de grandes centros. É um prazer apresentar este projeto para você, porque tenho muito carinho por ele.

APRENDER A LIDAR COM GENTE

Antes de empreender, como disse, trabalhei em empresas pequenas, médias, grandes, de todo tipo. Eu ficava no máximo um ano em cada uma, o que deixava meu pai muito preocupado. Eu estava aprendendo, me divertindo, fazendo contatos, me testando fora da zona de conforto, entendendo como lidar com gente de diferentes níveis. Na minha cabeça, fazer carreira seria previsível demais.

De galho em galho, fui perceber que uma coisa era comum a todos os tamanhos e tipos de empresas: gente. Cada pessoa é de um jeito, mas todas têm seus medos, desejos, vaidades, dúvidas... Temos que aprender a conversar e, claro, a ouvir. Como eu sempre estava em busca de bons momentos, para viver essas novas histórias eu me colocava à disposição das pessoas. Entendi assim que essa é a melhor forma de fazer o famoso *networking*: me colocar à disposição das pessoas.

Sabe por que é importante fazer isso? As pessoas sempre buscam e se lembram de quem pode ajudá-las a chegar em algum lugar. Outras duas características que também só dependem de mim e me ajudam muito são o fato de ser de bem com a vida e a maneira de tratar as pessoas com uma educação extra. Não educação básica, mas "extra". Fazer aquela pessoa se sentir muito importante, porque, no momento em que estamos conversando, minha atenção está 100% nela, e ouço de verdade o que ela tem a dizer. Ser uma pessoa leve, sem ser mensageiro da desgraça, já é um baita diferencial. Não basta cumprimentar as pessoas por educação; olhe nos olhos, aguce os ouvidos e se conecte de verdade – mesmo com quem parece que não vai trazer benefícios a curto prazo, deixe rolar.

Sugiro abrir um sorriso sincero e sair andando por aí, porque isso muda tudo. Curioso que é tão simples, mas nem todo mundo consegue fazer. Afinal, quanta gente antipática você não conhece? Ou que só fala com alguém quando precisa de alguma coisa? Eu sempre procurei me relacionar bem com todo mundo – dar atenção, levantar a moral das pessoas. O bom é que todas essas experiências como empregado me

NA HORA E NO LUGAR CERTO

Procuro estar sempre em movimento, e esse esforço diversas vezes se transforma em sorte. Sabe aquela história de estar no lugar certo, na hora certa? Eu acredito que isso tem a ver com o quanto nós trabalhamos para dar de encontro com este lugar e esta hora. Uma vez, quando eu ajudava a coordenar o Centro de Empreendedorismo e Novos Negócios da FGV (FGVcenn), recebi a sugestão de convidar o LIDE para uma palestra. Não tinha a menor ideia do que se tratava. Fui pesquisar e fiquei impressionado com o que vi: um movimento fundado em 2003 pelo então empresário João Doria,[15] que se tornou um dos mais importantes grupos de líderes do país, reunindo os presidentes de mais de 1.500 empresas, uma grande parte do PIB privado do Brasil.

Fiquei me perguntando como é que eu não sabia daquilo, e impressionado por existir um negócio daqueles para conectar os maiores líderes desse país. Foi quando conheci a Patrícia Meirelles, fundadora do LIDE Futuro, o braço do LIDE que reúne jovens líderes do Brasil. Ela topou falar na Semana do Empreendedorismo, em junho de 2012, e se tornou a pessoa mais fundamental nessa minha trajetória.

Essa jovem incrível, inteligente, guerreira e muito alto-astral falou de mim para o João Dória. Logo em seguida, o João pediu meu currículo e eu não tinha – afinal, não estava procurando um emprego há muito tempo. Passei um link do site do Centro de Empreendedorismo da FGV, que trazia um breve resumo da minha trajetória e ele me chamou para uma reunião. Nos demos bem logo de cara. Ele é um anfitrião incrível, extremamente educado, inteligente, muito rápido e superdireto. Disse que eu tinha perfil e me perguntou se toparia desbravar a operação do

---

15 João Doria foi eleito prefeito de São Paulo em 2016 e, em 2018, governador do estado de São Paulo.

LIDE no interior de São Paulo. Imagine um dos grupos empresariais mais concentrados no maior mercado do país, que é o interior de São Paulo. Era uma oportunidade incrível e que eu só consegui aproveitar por ter tempo.

Nesse momento, o Eduardo me disse uma coisa muito certa que aprendeu no mercado financeiro: o que mata o ser humano é a ganância. Entendi o recado e não abracei o interior inteiro. Delimitei as regiões de Ribeirão Preto, que é a cidade onde eu cresci e tenho meus amigos de infância, e São José do Rio Preto, por morar a 50 km dali, em Catanduva. Essas duas frentes são regiões muito importantes, pujantes e promissoras.

Pensei: "Imagine a oportunidade de conviver com os líderes das maiores empresas do Brasil, empresários que construíram verdadeiros impérios! Com tantas lições inspiradoras. Que privilégio estar com essas pessoas incríveis. Vou me dedicar muito." Eu queria estar entre as melhores unidades do sistema LIDE, porque quando fazemos algo com amor, isso vira um ímã de gente interessante. Vi várias portas se abrindo. Por exemplo, muitas vezes eu tinha oportunidade de conhecer o líder de uma grande rede de supermercados, que ficava sabendo dos meus produtos, e uma coisa ia puxando a outra.

Fiz um mapeamento das maiores empresas da região de Ribeirão Preto e São José do Rio Preto e percebi que apenas quatro empresários já faziam parte do LIDE antes de eu chegar: a Luiza Helena, da Magazine Luiza (fundada em Franca); o Maurílio Biagi, da Maubisa, um dos maiores nomes do agronegócio brasileiro; Chaim Zaher, do Grupo SEB, um dos maiores nomes da educação (essas duas empresas de Ribeirão Preto); e Waldemar Verdi, da Rodobens (fundada em São José do Rio Preto). Minha primeira atitude foi marcar uma conversa com meu amigo de infância, o Betinho Biagi, filho do Maurílio. No meio da conversa, ele me disse:

— Vem aqui, vamos na sala do meu pai.

Pensei: "Nossa, o Maurílio é uma lenda, que eu só conhecia por ser o nome de uma das principais avenidas da cidade!" Cumprimentei o Maurílio e comecei a contar minha história, enquanto ele só me observava em um silêncio absoluto. De repente, sem fazer nenhum comentário, ele me interrompeu e disse para sua secretária:

— Cláudia, liga para o João Dória, por favor.

Eu pensei: "Nossa, e agora?". Eu tinha conhecido o João na semana anterior. O que o Maurílio ia falar para ele? A secretária voltou e disse que o Doria tinha pedido para perguntar se era urgente, porque estava em uma reunião. O Maurílio, sem pestanejar, pediu para insistir, porque era rápido, sim. Meu coração já estava na boca, só não dava para ver porque eu sempre mantenho o sorriso. Quando o João atendeu, o Maurílio disse:

— Grande João, tudo bem? Escuta, que menino bom você arrumou, hein? Vou ajudar o Fábio com o LIDE por aqui.

Você percebe o que o Maurílio fez por mim? Pois é, por essas e muitas outras, que ele e suas futuras gerações têm minha profunda gratidão. Quando ajudamos, somos ajudados. Juntar gente boa sempre dá coisa boa.

Em 2015, o LIDE Ribeirão Preto foi a unidade escolhida para ganhar o Prêmio Eficiência entre todas as unidades do Brasil, por ser a mais equilibrada em vários aspectos. Tivemos um reconhecimento incrível, por mérito do nosso supertime. Desde então, nos mantivemos sempre entre as melhores unidades, por acreditar no modelo e gostar muito do sistema.

No início de 2019, o Grupo Doria me convidou para ser o CEO do LIDE Global. Eu mal podia acreditar, ficava pensando que o grupo tinha acesso a todo mundo, e me convidara. Eu estava explodindo de felicidade e gratidão. Respirei fundo e refleti. Aquele momento significava uma oportunidade gigante. Muita gente aceitaria de bate-pronto. Mas peguei aquela proposta incrível e fiz um cruzamento com meus valores fundamentais.

Pensei da seguinte forma: um CEO é um executivo. Como eu ia desmontar toda a estratégia de vida que tinha montado até ali? Como ficaria o controle do meu tempo? Onde eu teria que morar? Quanto tempo eu teria que ficar longe da minha família? Como eu levaria as crianças na escola? Como eu continuaria fazendo as minhas viagens? Eu teria que ter uma rotina? Como seriam as cobranças? O que seria sucesso? Financeiro? Reconhecimento? E claro: que horas eu teria que acordar?

Eu não poderia recusar uma oportunidade como aquela, mas, ao mesmo tempo, como o grupo saberia dos meus valores fundamentais se eu não falasse? Eles não teriam como adivinhar. Fizeram a melhor proposta com as informações que eles tinham e o meu papel foi simplesmente entender o que seria sucesso para o sistema LIDE e fazer isso casar com os meus valores fundamentais.

O que era sucesso para mim teria obrigatoriamente que ser sucesso para o grupo. Eu tinha que me colocar no lugar deles usando minha experiência de dono de empresa para montar uma proposta em que todo mundo ganhasse. Do mesmo jeito que me projeto para os meus 104 anos para decidir, imaginei um cenário do LIDE como a maior e mais relevante plataforma de negócios e relacionamento entre os maiores líderes das maiores empresas do planeta. Depois disso, a primeira coisa foi comunicar para eles o quanto eu admirava o LIDE. Deixei claro que era tão legal que eu faria o trabalho com o mesmo entusiasmo, ganhando ou não ganhando. Porém, eu não estava buscando um salário fixo. Eu tinha que continuar com minha independência de vida. Meu lado criativo precisa dessa leveza. Com isso, criamos uma nova responsabilidade no sistema, o head global das unidades LIDE. Eu mantive meus valores e ajudo na expansão do sistema no mundo, gerando contatos e negócios para mim e para todo o grupo.

Eu não canso de agradecer a oportunidade que o João Doria, o Luis Fernando Furlan, a Celia Pompeia, o Johnny Doria, o Gustavo Ene e, claro, a Patrícia Meirelles me proporcionaram ao me abrirem o mundo LIDE. Sem a menor dúvida, foi um divisor de águas.

O WALKING TOGETHER

O Walking Together é movimento que começou a ser desenhado por volta de 2010, antes mesmo de eu conhecer o LIDE, e teve seu primeiro encontro no dia 4 de julho de 2012. Como acreditamos que quando a gente faz o bem, isso volta para nós, adotamos a seguinte missão: estabelecer a Era da Generosidade. Se ajudarmos a todos se ajudarem, viveremos em um lugar melhor.

Todos nós, seres humanos, precisamos ser ajudados por outra pessoa desde a hora da amamentação, e também temos a necessidade fisiológica de ajudar os outros.[16] Se isso não fosse uma verdade da natureza, não existiria até um hormônio como a ocitocina, que é liberado quando fazemos o bem, trazendo a sensação de bem-estar. Considero como um forte indício que estamos no caminho certo. Ajude, ajude, ajude, nem que seja por interesse de receber de volta, porque volta. Só não caia na armadilha de embarcar na expectativa de que vai voltar, da mesma pessoa, ou em determinado prazo, ou na mesma intensidade. As condições desse retorno não são definidas por nós.

Agora, imagine uma força que pode te transformar. Transformar sua comunidade. Transformar seu mundo. Um poder que pode transformar qualquer coisa. É essa disposição em ajudar amplificada pela força da união.

Foi pensando nessa força que em Catanduva, São Paulo, nasceu um movimento de formadores de opinião, escolhidos também por formadores de opinião, motivados e orientados pela mesma causa. Pensamos em forças que seriam as linhas-mestras desse movimento: o *empreendedorismo*, revolucionando a forma como as pessoas se conectam, motivando e encorajando a iniciarem um novo ciclo de vida; a *escalabilidade*, em um modelo capaz de romper fronteiras, baseando-se nos mais recentes avanços tecnológicos mundiais; a força do *imparável*, de superar as adversidades mais e mais. E, por último, a força da *imaginação,* que tem a leveza e o poder de criar qualquer coisa! O Walking Together é a união dessas forças que se nutre longe da turbulência das megacidades.

Acreditamos que podemos encontrar e conectar pessoas incríveis que muitas vezes estão fora dos holofotes dos grandes centros,

---

16 KELTNER, D. The Compassionate Instinct. **Greater Good Magazine**, 1 mar. 2004. Disponível em: https://greatergood.berkeley.edu/article/item/the_compassionate_instinct. Acesso em: 2 jul. 2021.

vivendo em pequenas cidades, através de encontros leves, informais e bem organizados, com o objetivo de transformar positivamente o que está à nossa volta. Somamos ideias, trocamos experiências sobre empreendedorismo, negócios e estilo de vida. Uma atmosfera fértil para a sorte acontecer.

Você pode conhecer o Walking Together agora mesmo.

https://www.youtube.com/watch?v=v-mKIKnGaTg

    O Walking nasceu como um movimento que descentraliza o acesso às oportunidades, promovendo o improvável. Se empreendedorismo para mim é estilo de vida, abracei essa causa de iluminar as cidades pequenas, porque sei que tem muita gente boa fora do ambiente óbvio dos grandes centros. Eu não precisava de mais um projeto, mas fazer algo com amor, e que a gente não precisa fazer, é o máximo, muda tudo, as mágicas acontecem.

    Se colocasse 100% da minha energia na minha distribuidora ou me concentrasse em algum outro negócio, talvez tivesse uma empresa muito maior ou até mais dinheiro. Mas, como a riqueza que mais prezo é colecionar bons momentos, a cada projeto que toco com brilho nos olhos, carinho e dedicação, eu me renovo. Foi assim quando aceitei ajudar a desenvolver o espírito empreendedor no FGVcenn, ou quando topei desbravar o LIDE no interior de São Paulo, e é como eu me motivo para propagar o nosso Walking Together pelo mundo.

    Igual a coração de mãe, sempre cabe mais um "filho". Só me reorganizo e trago mais um negócio para dentro. Vou absorvendo, revendo as prioridades, ajustando as estratégias, identificando as sinergias e acelerando. Nessa jornada acabo conhecendo pessoas fantásticas.

A LISTA FORMA A LISTA

Esse é o DNA do funcionamento do Walking Together. Quando Carolina e eu estávamos esperando nossa primeira filha em 2009, decidimos nos mudar para Catanduva para criar nossas filhas em uma cidade mais tranquila, perto da família dela. Ser dono do meu tempo me permitiu tomar atitudes como essa. A minha empresa não pode escolher onde eu tenho que morar, concorda? Há outros aspectos para levar em consideração, como onde eu quero que minhas filhas cresçam.

Assim que cheguei à cidade, que tem 118 mil habitantes, estava papeando com o Otávio, primo da Carolina, e passou uma Maserati.[17] Perguntei para ele quem era, e ele respondeu que não sabia. Reagi, surpreso. "Uai, aqui todo mundo fala que conhece todo mundo!" Afinal, como é que as pessoas daquela cidade se conheciam? Onde se encontravam para falar e trocar ideias? Falar sobre atitude empreendedora, criatividade, tecnologia, inovação? Aonde iam os formadores de opinião?

Há a falsa impressão de que, no interior, todos se conhecem. Faz tempo que não é mais assim. As cidades estão crescendo. O dinheiro vem mudando de mãos. Você já não sabe quem é (ou não) daquela cidade e o que faz ali. Todo mundo tem a sua rotina, faz a vida perto da família e dos amigos, e só.

Pegamos uma folha de papel e montamos uma lista com o nome de formadores de opinião da cidade. Anotamos os fundadores das principais empresas, fazendeiros, industriais, sucessores, donos de comércios, principais médicos, advogados. A única restrição é que tinham que ser pessoas do bem e agradáveis. Poderiam ter o dinheiro que fosse, mas, se fossem chatos ou criminosos, tirávamos da lista. Queríamos fazer amigos para levar em casa. Em contrapartida, pessoas que não tinham nenhum dinheiro, ou poder, porém com brilho nos olhos e garra, entravam na lista.

A lógica foi a seguinte: não queríamos chamar todos os amigos atuais do Otávio e da família da minha mulher, e sim conhecer os amigos

---

17 A Maserati é uma tradicional fabricante de automóveis de luxo italiana, fundada em Bolonha.

dos amigos. Para isso, a primeira lista era composta por 33 pessoas distintas. Queríamos fazer um evento produtivo e ao mesmo tempo impactante. Pequeno o suficiente para termos a intimidade de conhecer todos pelo nome e grande o suficiente para ter massa crítica e sermos relevantes. Aí, então, cada um dos convidados foram estimulados a convidar dois novos participantes com o mesmo perfil, e assim se formou um grupo de 99 pessoas. Porque uma coisa é convidar alguém para um evento em que nós escolhemos todos os convidados, outra é enviar uma carta dizendo que seu nome foi escolhido e pensado para ser um desses 33 selecionados a dedo, mostrando todos os nomes e reforçando que sua presença é fundamental. Aí você ajuda a formar a lista, indicando mais duas pessoas com o mesmo perfil que o seu.

Você não se sentiria prestigiado e engajado na ideia? O efeito é sensacional. Ao ser convidado para estar com outros nomes conhecidos e influentes, a pessoa normalmente pensa: "Não sei o que vai ter lá, mas eu vou." Ainda mais em uma cidade pequena, do interior, sem tanta novidade como na capital, o interesse acaba sendo potencializado.

Na hora que a pessoa lê os 33 nomes, incluindo o seu, percebe qual tipo de perfil estamos buscando. Interessante que esse tipo de proposta acaba formando uma corrente de gente do bem, os dispostos se atraem. Várias vezes acontecia um fenômeno muito engraçado. Quando o pessoal ia indicar alguém, algum cara conhecidamente chato não era indicado nem pelo irmão. Ninguém queria ser o padrinho do "mala". Claro que às vezes passa um ou outro "mala", mas aí acontece outro fenômeno interessante: ou o sujeito não se sente bem e deixa o grupo ou ele se adapta, desenvolvendo outro tipo de comportamento pela influência do grupo. Em outras palavras, é preciso deixar de ser "mala" para caminhar junto!

Com a lista formada, pensamos: "Como seria o evento perfeito?" Tudo de mais legal que eu já tinha visto de evento coloquei no Walking: horário bom, happy hour, lugar legal, melhor bar da cidade, comida boa, bebida boa, música legal.

Fazemos como em um programa de TV: criamos vários quadros para o evento, como o Walking Stories, ou o Prata da Casa como, por exemplo, quando o Marcos Scaldelai, um catanduvense que ocupou a presidência da

Bombril aos 36 anos, voltou à cidade natal para compartilhar sua trajetória; assim como a rainha do basquete Hortência, que jogou em Catanduva, voltou para contar histórias; ou ainda o Rafael Gisse, que veio compartilhar como chegou à presidência da Duracell. Temos palestras de dois minutos no quadro Sobe no Caixote, inspirado no Epicentro, evento do meu amigo Ricardo Jordão. Os participantes têm dois minutos para falar o que quiserem – podem se vender, mostrar seu dom, assumir uma meta em público, cantar, dar um depoimento ou contar sobre seus negócios, no estilo *pitch*. É o momento "venda seu peixe". Teve participante que tocou uma música e se lançou como artista lá. Um marido criativo iniciou sua fala assim:

— Eu vim aqui hoje para vender a minha mulher.

Assim, conseguiu a atenção plena de todos.

— Deixa eu explicar. Ela é ultramaratonista e quer patrocínio para correr até… — continuou com a explicação.

Ou seja, cada um compartilha um objetivo próprio. No começo tem muita gente envergonhada, com medo e pouco acostumada a se expor. Para ajudar a vencer essa barreira, pergunto se há algum vendedor ali. Algumas vezes, ninguém levanta a mão. Daí, basta provocar reações, dizendo algo como:

— Não é possível! Não tem *ninguém* precisando vender *nada* aqui? Olha que oportunidade! As personalidades mais importantes da cidade estão aqui…

Inevitavelmente, alguém diz "opa, eu quero".

O Walking virou uma plataforma de comunicação e relacionamento focada em pessoas do bem e formadoras de opinião de cidades pequenas, com potencial altamente replicável e de escala global. Um encontro leve, organizado, descontraído e fora de grandes centros, que busca reunir as pessoas mais legais do mundo.

AMIGOS, NEGÓCIOS E ESTILO DE VIDA

Se eu fosse um evento, eu seria o Walking Together. Um encontro que tem o objetivo de reunir as pessoas mais legais do mundo e provocar atitude e mudanças positivas, inspirando e engajando através de exemplos. E, principalmente, que colocou no centro de nosso Ikigai a ideia de estabelecer a Era da Generosidade. A sensação de estarmos juntos é muito forte. No interior tem também aquela expressão antiga, que é a sensação de "brigar de turma". É fato que juntos somos mais fortes! Um ambiente verdadeiro, positivo e que inspire as pessoas a terem boas atitudes e a se tornarem seres humanos melhores é demais! Acredito de verdade que estamos aqui para ajudar os outros e evoluirmos nossa espécie. Esse movimento dá a sensação de que as coisas estão caminhando para a frente.

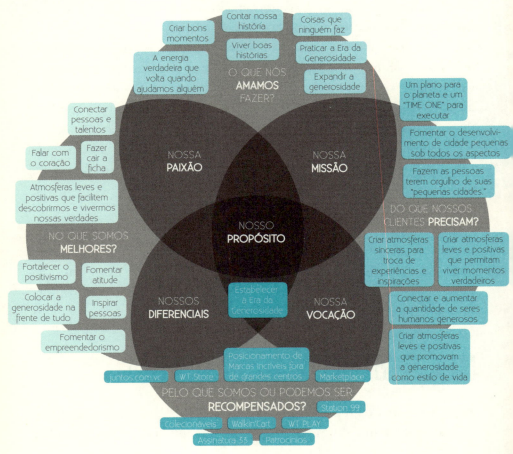

Acho que, por isso, a resistência dos convidados em participar do movimento desde o primeiro convite foi muito pequena. Assim como a aceitação de grandes nomes em nos apoiar, participar e até mesmo se deslocar centenas de quilômetros para palestrar é enorme. Já levamos grandes empresários, esportistas, artistas a lugares pouco prováveis. Ninguém estava esperando conhecer essas pessoas incríveis tão perto de casa. Fizemos muitos eventos com diversas frequências, a cada quatro meses, seis meses, dois meses, conforme dava vontade. Tem gente que pede pelo amor de Deus para cobrarmos algo dos participantes, para não nos desmotivarmos de continuar fazendo. Até entendo o carinho e preocupação, mas mal sabem eles que não é o valor do ingresso que nos motiva! O mais óbvio seria cobrar, e tenho certeza de que muitos pagariam, mas não precisa. Criamos um modelo autossuficiente de custo zero. Quando formamos a lista, pensamos em reunir amigos para trazer em casa, e é óbvio que não cobramos nada de ninguém quando convidamos para as nossas casas. Continuando nessa analogia, não tem problema um amigo trazer o vinho, o outro a sobremesa, e acaba não pesando para ninguém. Também não tem problema nenhum sair alguma ideia de negócio entre os amigos em nossa pizza de sábado à noite. É a mesma lógica!

Outra coisa: se ninguém está pagando para estar ali, olha a leveza pairando novamente. Ninguém vai ficar bravo se esse mês não tiver encontro ou se saiu algo errado, como quando acabou a luz no meio do evento em Catanduva que estávamos recebendo o Rafael da NetShow.Me e a rainha do basquete Hortência. O que poderia ser o fim em um evento tradicional pago, no nosso caso ninguém achou ruim – muito pelo contrário, ligaram as lanternas do celular e o evento continuou tranquilamente, como se estivéssemos em casa. Ninguém vai embora da sua casa bravo se acabar a luz! Agora, em um evento para o qual as pessoas compraram seus ingressos, poderiam concluir que você deveria no mínimo ter contratado um gerador. Quero curtir cada momento, por isso, quando faço com essa leveza é sempre prazeroso e, por consequência, acaba ficando bem feito, além da liberdade para inovar. Por exemplo, uma vez, em 2013, resolvemos fazer uma votação dos melhores palestrantes que já tinham participado do WT e um *walker* desenhista transformou o grupo em uma liga de super-heróis dos desenhos animados. Essa atmosfera dá asas para a criatividade.

Jedi: Ricardo Jordão; Batman: André Fran; Homem de Ferro: Pierre Mantovani; Capitão América: Ricardo Bellino; Mulher-Maravilha: Bel Pesce; Homem-Aranha: Otávio Juliato; Sr. Incrível: Eu, Fábio Ennor Fernandes.

Um belo dia, um homem me procurou, querendo levar o WT para a cidade dele.

— Mas onde você mora? — perguntei.

— Cravinhos — respondeu ele.

Pensei: "Nossa! O que será que costuma acontecer de inovador em Cravinhos?" Uma cidade de cerca de 40 mil habitantes, onde, pela proximidade, tudo de legal acaba tragado pela cidade vizinha maior, Ribeirão Preto. Isso me motivou a levar o WT para Cravinhos. Até hoje nossa proposta é atuar em cidades abaixo de 377 mil habitantes.

Logo depois, nosso querido Victor Bermudes levou o Walking para São Carlos. Aliás, ele fica bravo com essa história até hoje, porque não se conforma que Cravinhos acabou sendo a primeira unidade fora de Catanduva. Depois veio Bebedouro, Morro Agudo, Piracicaba... e não paramos mais. Esse movimento todo fez com que algumas empresas tivessem vontade de patrocinar o WT. Nosso evento tem o conceito de custo zero: ou seja, não somos reféns de patrocínio ou de mensalidades. Mas, com recursos entrando, ótimo! Deixamos o evento ainda mais bonito, mais estruturado.

Reparamos que as grandes empresas, na maioria das vezes, se concentram apenas nos grandes centros, sempre em busca da densidade, para aproveitar melhor as vendas. Falta comunicação individualizada com essas pequenas cidades. Por exemplo, em uma cidade como Bebedouro pode ter empresários potenciais que comprariam tranquilamente um jato da Embraer, é uma grande oportunidade de venda estar ali. Será que essas grandes empresas estão conversando com o principal empresário de Presidente Epitácio? Ou de Tupaciguara? Acho que não. E mais: será que os principais talentos dessas cidades já foram revelados? Será que eles estão sendo estimulados? Tem muita gente boa por aí vivendo nos lugares mais remotos deste planeta.

Para montar a lista inicial em novas cidades, temos sempre um líder local que chamamos de Piloto. Através dele, garimpamos aquelas pessoas "do bem" que sejam fazedoras, gente com brilho nos olhos, talentos com quem vale a pena caminhar junto. Ao mesmo tempo, reunimos empreendedores, jovens sucessores, donos de usina, médicos, programadores de aplicativos, um ou outro cara que não tem dinheiro mas é muito gente boa e amigo de todo mundo, um advogado, um geek, um dono de frigorífico, um contador, por exemplo, e ainda a dona de uma das maiores varejistas do Brasil. Profissionais muito diferentes, mas com valores parecidos e que fazem acontecer. Eles só precisavam de um motivo para se encontrar.

Uma das nossas frases é *"Small towns, big people!"*, e olha onde ela foi parar:

O Walking flui muito bem porque acaba agregando para todas as partes – para o Piloto, para os Walkers, para a cidade –, e ainda é muito fácil e divertido de fazer. É um modelo simples, replicável, escalável e navega em um "oceano azul", que é a carência nas cidades pequenas.

O slogan da primeira carta convite em 2012 foi "porque a vida é feita de conexões". Desde então, vem ganhando *upgrades*, pois a proposta vai além de conectar – convida a um movimento de seguir em frente, não reclamar, fazer acontecer, com estímulo mútuo, caminhando juntos para estabelecermos uma Era da Generosidade.

Já me perguntaram por que se chama Walking Together (caminhando junto, em tradução livre do inglês). Primeiro porque é um movimento vivo, depois porque remete à ideia de caminharmos juntos nos negócios e na vida. Entre amigos, tudo se torna muito mais fácil e gostoso. A escolha desse nome também resgata uma brincadeira da época da faculdade. Quando eu era moleque, viajava com uma turma de oito amigos. Uma vez, fomos para Nova York e brincamos de narrar

WALKING TOGETHER, O PODER DE CAMINHAR JUNTO

filme com aquela voz de locução de trailer de Hollywood, dizendo: *"eight guys, walking together"*.[18] Na época do Centro de Empreendedorismo da FGV, surgiu a ideia de fazermos um blog com o tema "lado a lado com o empreendedor". Eu convidei o Otávio, aquele primo da minha esposa, para escrever textos sobre o dia a dia de nossos projetos, como se fosse um diário. Eu gravava tudo o que estava fazendo como empreendedor e ele transcrevia. Esse blog ia se chamar Walking Together.

O WT foi crescendo até que um dia uma mulher ligou dizendo que estava acompanhando nosso movimento pela internet (por causa da transmissão on-line) e perguntou se era possível levar para a cidade dela. Sem pensar muito, dissemos que sim. Inclusive já oferecemos nosso manual de como replicar em novas cidades. A surpresa foi perguntar onde ela morava e ouvir a resposta:

— Na Nova Zelândia.

Isso nos abriu a cabeça para pensar grande. Por que não levar o WT para todos os países? Existem cidades pequenas no mundo inteiro com desafios similares. A Inglaterra mesmo tinha dois programas de governo contra a estagnação de cidades pequenas.

O Walking vem se tornando um movimento de transformação de cidades pequenas. Descobrindo, conectando e inspirando líderes, sem importar onde moram. Muito pelo contrário, levando oportunidades reais para locais muitas vezes remotos.

Em 2016, surgiu um vídeo no The Intercept chamado *Megacities*, que mostra um estudo do Pentágono, que prevê um caos urbano em 2030 pela superpopulação nos grandes centros.[19] Quando vi isso, pensei: "Poxa, estamos totalmente alinhados com um problema real, uma causa nobre. Por que não, sempre humildemente falando, ajudar pessoas a melhorarem suas vidas, começando pela liberdade de escolha de morar onde quiserem?"

---

18 Em tradução livre: "oito caras, caminhando juntos".

19 TURSE, N. Pentagon video warns of "unavoidable" dystopian future for world's biggest cities. **The Intercept**, 13 out. 2016. Disponível em: https://theintercept.com/2016/10/13/pentagon-video-warns-of-unavoidable-dystopian-future-for-worlds-biggest-cities/. Acesso em: 2 jul. 2021.

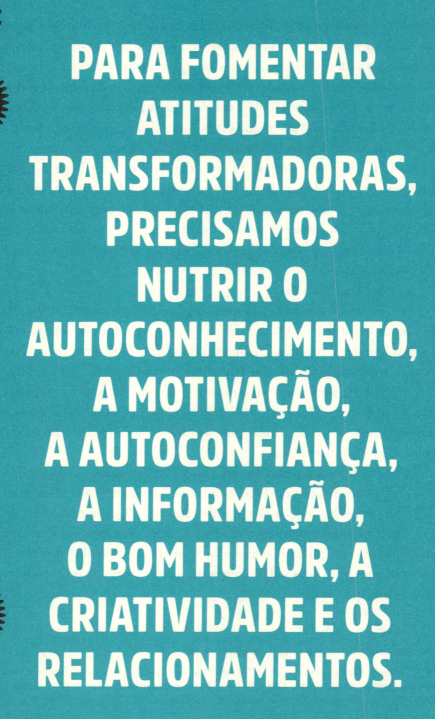

Não por acaso uma grande montadora fez referência ao nosso movimento como um grande projeto de "smart city". Indiretamente, acabamos ajudando os grandes centros, otimizando a qualidade de vida nas cidades pequenas e, de certa forma, ajudando a esvaziar as megacidades, evitando o caos urbano. Desde então, a gente adotou a metáfora de "iluminar" as pequenas cidades. Além de reter os talentos, que muitas vezes as deixam em busca de uma oportunidade em grandes centros, também ajudamos muita gente que se diz infeliz na loucura das megacidades com trânsito, poluição e violência, encorajando a viabilizar seu plano de vida em um lugar mais humano, onde muita gente sonha em morar, mas acredita que não tem oportunidade.

MELHOR TER CABEÇA ABERTA QUE CABEÇA FEITA

Rodrigo Baracat, um amigo, compartilhou comigo um pensamento de um autor desconhecido que dizia que a mente humana nasce criativa e morre jurídica – e as pessoas mais felizes são aquelas que conseguem manter a mente criativa quanto mais se aproximam da morte. Faz sentido, porque uma criança é totalmente criativa e, conforme a vida passa, adultos têm a tendência de julgar uns aos outros. Quanto mais cresço com as histórias das pessoas no WT, mais percebo que a lição que eu tiro dali é que é melhor ter cabeça aberta que cabeça feita, e que é vital para qualquer pessoa que busca a sua melhor versão participar de eventos com gente bacana, pensando em como agregar coisas boas ao mundo.

Por isso eu tento aumentar meu repertório de informações e sensações, me mantendo curioso e em movimento. Evitar a rotina exercita a minha criatividade e estou constantemente buscando conhecer novas pessoas e novas histórias. Vou a todos os eventos que consigo, porque assim dou chance para a sorte me encontrar. E ela sempre me encontra.

Acredito que a criatividade e as oportunidades surgem dessas novas conexões. No LIDE, por exemplo, consigo estar entre os principais líderes empresariais e ouvir a palestra de alguém que está revolucionando o agronegócio, ou de uma grande indústria que conseguiu crescer mesmo na crise, ou ainda de um esportista que teve sua experiência de superação. Inevitavelmente, você passa a enxergar uma mesma situação por vários outros ângulos. Quem escuta coisas de primeira linha deverá ter mais ideias de primeira linha. Ampliando o tal repertório de informações, você vai ter mais *insights* e alternativas. É um exercício constante de tentar conectar seus interesses com o que está ao redor.

Quando eu era bem jovem e não tinha acesso a essas possibilidades, sabe o que eu fazia para ter ideias e abrir caminhos na vida? Folheava as revistas de que mais gostava – uma delas era a PME (a antiga Pequenas e Médias Empresas, que hoje é a Exame PME) – e recortava cada reportagem que me chamava a atenção. Assim eu fazer o exercício de pensar em algo a partir daquilo, para entender como aquilo falava comigo, me abria mundos.

Se você abrir agora sites, livros e revistas que tratem de temas de que gosta, certamente vai pensar "poxa, isso aqui eu posso agregar" ou ainda "aqui tem um assunto para eu conversar com aquela pessoa de quem quero me aproximar". Além dos eventos, esse tipo de exercício também aumenta o repertório.

Dessa forma, chegamos à conclusão de que, para fomentar atitudes transformadoras, precisamos nutrir o autoconhecimento, a motivação, a autoconfiança, a informação, o bom humor, a criatividade e os relacionamentos. Esses passaram a ser os temas dos nossos eventos no Walking Together. Todas as nossas iniciativas, atividades e palestras seguem essa linha. E mais: não basta ensinar, temos que inspirar e contagiar, com essa grande onda do bem, através de atitudes, exemplos e experiências.

No primeiro evento, em Catanduva, ninguém sabia o que ia acontecer. Os convidados foram para o bar completamente "no escuro". Eu abri com um caloroso boa-noite, apresentei o vídeo que preparei de coração exclusivamente para aquele momento, com aquela minha reflexão aos 104 anos, e só depois continuamos a conversa.[20]

---

20 Assista ao vídeo: https://www.youtube.com/watch?v=BvVlxTTTaYs.

Eu queria nivelar todo mundo como "ser humano" em primeiro lugar, criando uma atmosfera de humildade e união, pois sabia que havia reunido ali gente de perfis e profissões variadas – assim como diferentes níveis de influência na cidade.

Eu queria fazer amigos.

O Walking nasceu na base do "vamos construir um movimento do qual a gente gostaria de participar, mas que ainda não existe". Se vai dar certo e ter continuidade, eu não sei! Mas já deu muita história, rolou muito negócio, muitos *insights*, muitas amizades, e surgiu até noivado.

Muitas vezes a gente boicota uma ideia temendo que os outros achem ridícula, descabida, exagerada. Se você mesmo não acreditar, nem vale a pena partilhar. Fica com argumento frágil e aí, sim, pode parecer lunático. Mas quando sente que tem tudo para dar certo, com emoção, entusiasmo e verdade, parece que a coisa inflama, ganha vida, fica possível.

DE GARÇOM A EMPRESÁRIO

O Walking não para de gerar histórias e encontros felizes, e isso me motiva todos os dias. Em um dos eventos do WT em Cravinhos, o Luis Câmara e seu sócio Junior acabaram tendo uma confirmação recorde, com mais de quatrocentas pessoas, e tiveram que mudar o evento do bar para um ginásio. Além disso, sem querer, marcaram o evento no dia do aniversário da cidade. Quando perceberam a coincidência, começaram a pensar por onde começariam a mudança de data. Foi quando o prefeito falou que não era para mexer com o Walking, ele mesmo mudaria a festa da cidade. Você consegue imaginar isso acontecendo em uma cidade grande? Tem como não amar uma cidade pequena? Somos muito bem-recebidos.

Já em Morro Agudo, não tinha bar, nem hotel, nem quadra disponível para fazer o encontro. O Rodrigo Barbeti, líder do WT de lá, montou praticamente um bar dentro de uma empresa, mantendo, claro, o astral leve e informal que é a cara do projeto.

E no final de um dos nossos eventos em Catanduva, um garçom com a bandeja na mão se aproximou e perguntou se um dia podia conversar comigo. Eu falei:

— Meu amigo, você me deixa até sem graça. Comigo não tem frescura, pega meu celular, ou ainda, fala agora mesmo!

O que ele tinha para falar me surpreendeu:

— Sabe o que é, eu sirvo vocês desde o primeiro evento do WT. E, enquanto eu trabalhava, de tanto ouvir vocês falarem que não é para reclamar da vida, que é para vender, empreender, criar nosso caminho, eu queria agradecer, porque hoje não estou mais aqui como garçom. Montei uma empresa de bartenders e presto serviço para vários bares, restaurantes e eventos de Catanduva. Aqueles garçons ali são meus funcionários.

Na hora eu abri um sorriso, porque saber disso, para mim, não tem preço! Enquanto trabalhava, ele prestava atenção no conteúdo, e o Walking acabou mudando a vida dele. Na mesma hora chamei algumas pessoas que estavam à minha volta e pedi para ele repetir aquela história maravilhosa. Ainda mais hoje, pelas redes sociais, nunca sabemos quem está ouvindo nossas histórias, e naquele momento ele poderia mudar a vida de alguém do mesmo jeito que outros relatos mudaram a dele.

PARCEIRO É PARCEIRO

Para que essa engrenagem funcione como uma orquestra, agradeço o engajamento dos vários parceiros, que garantem a qualidade e o "algo mais" do evento. Além de ser gostoso preparar e participar, esses novos relacionamentos se tornam importantes para todos. Estamos construindo um grande banco de dados de formadores de opinião que, por sua vez, trazem outros formadores de opinião. Nosso time ONE, que está mais para uma família, cresce a cada dia. Começando pelo Victor Bermudes, que começou como Piloto do WT São Carlos e um dia me chamou para conversar sobre levar o WT para o mundo todo. Logo depois veio o Zito

Campos, um verdadeiro gênio, eleito o melhor estrategista de marketing do estado de São Paulo, que resolveu dar seu toque de mágica ao nosso movimento. O mestre da tecnologia Luan Rodrigues, ao lado do seu fiel escudeiro Guilherme Camargo, trazem os superpoderes para nossa gestão. Tem o Marcelo Arruda, que começou levando o WT para a cidade de Assis, em São Paulo e hoje parece um trator, pois já levou o Walking para um monte de cidades – nunca vi ninguém mais animado. Tem a Monize Brugnani, a famosa Morango, que é meu braço direito e esquerdo em todas minhas aventuras. A Mariela Ribeiro, minha prima querida, que foi a primeira a ficar *full time* no WT. E o William Rinehart, que vai usar suas habilidades financeiras para estruturar nosso fundo para investir em projetos que foquem em tornar as cidades pequenas ainda mais atraentes.

Com esses super-heróis e vários outros parceiros, por incrível que pareça, já estamos em mais de sessenta cidades, e crescendo. Fizemos até um encontro com todos os Pilotos e parceiros em Campos do Jordão (SP).

Arquivo pessoal

Entre os vários parceiros, tenho que destacar nosso *branding*. Durante um *brainstorming*, dividi a vontade de ter uma empresa global para fazer nosso *branding*. Como as histórias vendem, eu via que precisávamos ter a mesma mensagem para todos os países. Desde Catanduva até uma pequena cidade no interior da Tailândia, precisava estar tudo alinhado. Aí digitei no Google "maior empresa de *branding* do mundo" e apareceu a Saffron.[21] Uma das mais importantes empresas de *branding* do mundo, com sede dupla em Madri e Londres, tinha acabado de chegar ao Brasil. Era muita coincidência para desperdiçar!

Entrei em contato e dei um jeito de me reunir com o CEO da operação no Brasil, Paulo Al Assal. Marcamos um almoço e comecei a contar sobre o nosso projeto. Quando cheguei ao fim da história e mostrei nosso trailer oficial, falei que gostaria de uma proposta da Saffron para fazer nosso *branding*. Ele me olhou com firmeza e disse:

— Fábio, a Saffron acabou de entregar um trabalho para o YouTube. A gente faz trabalho para companhias aéreas, fizemos *branding* da cidade de Londres.

— Não tenho medo de dinheiro, não, me fala quanto custa para fazer. Para um projeto bom a gente arruma dinheiro — me antecipei, o interrompendo.

Foi quando, em um ato de extrema generosidade, o Paulo disse:

— Meu amigo, amamos o movimento, vamos apadrinhar o projeto.

Uma das principais empresas do mundo fez nosso *branding*. Foi uma das maiores experiências da minha vida. Sei que dei bastante trabalho para o time dele, mas chegamos a um resultado incrível. Sem falar o quanto a gente aprende nesse processo de construção, o quanto entendemos mais sobre a nossa missão e o que fazemos quando precisamos comunicar isso para o mundo. Sou extremamente grato ao Paulo.

Montamos um plano para atingir 377 cidades na primeira fase – e depois seguimos para 2 mil cidades pequenas pelo mundo! Tem gente que quer apoiar, tem quem queira levar o Walking Together para a sua cidade, e quem gostaria de palestrar em várias cidades. Com isso, estamos desenvolvendo uma sofisticada plataforma de tecnologia para automatizar, simplificar e viabilizar o crescimento.

---

21 SCARPELLINI, C. Maior agência independente de branding do mundo abre unidade no Brasil. **ABC da comunicação,** 5 fev. 2016. Disponível em: https://www.abcdacomunicacao.com.br/maior-agencia-independente-de-branding-do-mundo-abre-unidade-no-brasil/. Acesso em: 2 jul. 2021.

Aliás, leve para sua cidade! Por que não? Saiba mais:

https://www.wt99.com.br

O Walking Together já gerou tanta troca, realização e boas histórias que, se parasse tudo agora, ainda teria valido muito a pena. É muito bom sentir que, mesmo que se eu não estivesse mais aqui, ele já tomou vida própria para continuar muito mais adiante.

Tá feliz? Sim. **Quer mais?** Não. **Então** vá lá curtir com a gente e incentivar mais pessoas com a sua vida feliz.

Tá feliz? Sim. **Quer mais?** Sim. **Tem um plano?** Não. **Então** vá lá para a gente ajudar a montar um plano que vai deixá-lo ainda mais feliz.

Tá feliz? Sim. **Quer mais?** Sim. **Tem um plano?** Sim. Já tomou atitude? Não. **Então** vá lá para ser incentivado a dar os primeiros passos.

Tá feliz? Não. **Acredita que pode ser?** Sim. **Então** vai lá que você pode achar um novo projeto, conhecer gente com quem poderá somar.

Tá feliz? Não. **Acredita que pode ser?** Não. **Então** não é com a gente mesmo. Peça ajuda a um profissional ou a um amigo para acreditar que pode ser feliz. Aí, sim, volte lá com a gente para encontrar as atitudes, as ideias, as pessoas.

8
LEVE ESSA LEVEZA COM VOCÊ

VÁRIOS FÁBIOS EM UM

Entre tantas lições que a vida oferece, uma das mais bonitas que aprendi é que uma coisa vai puxando a outra. É abrir os olhos, sorrir para as pessoas, pensar e ter atitude. Já fui tantos Fábios, e hoje não preciso escolher entre as minhas versões. Sou o Fábio do LIDE, o Fábio do Walking Together, o Fábio importador, exportador, distribuidor, representante, e também o Fábio marido, pai, genro, cunhado, palestrante, escritor, entrevistador. Pude reparar que Deus não ajuda apenas quem cedo madruga, ajuda todo mundo, porque toda a minha jornada começou evitando acordar cedo. Mas Deus ajuda principalmente as pessoas com atitude e que ajudam, ajudam, ajudam, ajudam – a si mesmas e aos outros.

Eu não ponho 100% do meu tempo e da minha alma em uma única frente, porque nossa vida tem vários lados, somos muitos e não deveríamos ser obrigados a escolher. Dá para brilhar em várias coisas, contribuir com o mundo e ajudar pessoas. Cada uma das minhas atividades me satisfaz de alguma forma. É uma troca. Eu ajudei a FGV de um jeito, ela me ajudou de outro, por exemplo. E eu tive que me doar para receber.

De novo, se eu me dedicasse só a um projeto, como um empresário ou executivo clássico, poderia acumular muito dinheiro. Mas qual seria o preço? Seria um dinheiro muito caro, se fosse para ficar longe da minha família ou perder o controle do meu tempo.

Ter rendas diversificadas me ajuda a manter uma vida de rico sem ser rico. Se uma frente der problema aqui, há outra ali. Crio o plano B, C, D para não tirar a minha tranquilidade. Dessa forma, posso continuar fazendo só o que quero, na hora que quero, realizando com amor e colecionando bons momentos.

AS PALAVRAS FUNDAMENTAIS: ATITUDE E BOM HUMOR

Quando a Brennor comemorava aniversário de um ano, minha prima Stella, que estudava no SEB-COC, em Ribeirão Preto, me fez o convite de contar minha história de empreendedorismo aos alunos. Eu não conseguia me ver fazendo uma palestra. Primeiro ano de empresa, eu estava mais ouvindo do que falando, e ainda por cima tomando tapa de tudo quanto era lado. Além disso, o termo "empreendedorismo" ainda não era tão conhecido em comparação aos dias atuais. Mas, como eu gosto de me tirar da zona de conforto, topei no susto, nem que fosse para falar dos perrengues e tapas – aquilo poderia ajudar alguém. Depois pensaria em como transformaria a situação em uma experiência especial.

Para me preparar, fui conversar com o cara que mais admiro quando o assunto é falar em público: o professor do ITA Agnaldo Prandini Riccieri, um verdadeiro gênio. Conheci esse físico e engenheiro aeroespacial, criador do primeiro Museu da Matemática do mundo (localizado no bairro paulistano da Vila Mariana), quando eu ajudava meu amigo Rodrigo Baracat em um projeto de otimização matemática da usina dele. De bate-pronto, o professor me sugeriu três coisas: esquecer que é uma palestra, pensar que é um bate-papo; acreditar no que está falando; e me envolver, colocar energia.

Acho que falei tão de coração que o pessoal acabou gostando. Contei a história da minha vida até então, como e por que tomei a atitude de gerar negócios. Do mesmo jeito que me abri com você aqui no livro, eu me abri no palco. Fui sincero em dizer que o que me levou a empreender foi simplesmente não gostar de acordar cedo. A maioria dos alunos

LEVE ESSA LEVEZA COM VOCÊ

acabou se identificando com esse fato. Viram que não fiz nada de espetacular perto de quem inventou o Google, mas era um apaixonado pela minha vida, que era uma vida comum. Eu só queria passar meus dias bem – e, no final das contas, quem não quer?

Naquele momento, vi que falar em público é uma ferramenta muito importante. Em vez de falar para uma pessoa, você consegue ampliar para toda uma plateia. Li um estudo do jornal britânico Sunday Times[22] que dizia que o medo de falar em público, para grande parte da população, supera o medo de morrer. Imagina? Como eu tive uma certa tranquilidade no palco, resolvi que aceitaria todos os convites para palestrar. Eu tinha que treinar e me aperfeiçoar.

Segui as dicas e cheguei a fazer palestra para quatrocentas pessoas sem microfone, como o Agnaldo faz. Ele acha que microfone é coisa de amador, porque, quando você vai na garganta, coloca sangue e faz seu máximo, as pessoas escutam e valorizam o seu esforço. Até hoje, vou contando minha história sempre que possível, vou conhecendo gente e ao mesmo tempo compartilhando ideias. Sempre tinha alguém que dizia "ah, meu pai tem um supermercado…" e muitas vezes saíam negócios dali. Venda é relacionamento, é ajudar, é resolver problemas, é conhecer e tocar a vida das pessoas, e assim muitas das coisas que eu fazia começaram a entrar em harmonia, como em uma orquestra.

O melhor de tudo é poder ajudar as pessoas. Muitos me deram o retorno de que eu os incentivei a ter atitude, e isso dá uma satisfação muito grande. Fiz mais de quatrocentas apresentações desde 2004. Aí começaram a me pagar. Eu não conseguia acreditar, mas achei curioso, porque comecei a palestrar por realização, e em algum momento o círculo da realização encontrou o do dinheiro. Pronto, era mais uma frente que eu abria, me trazia mais segurança e muito prazer, muita troca positiva. Quem tinha dinheiro, pagava. E quem não tinha? Tudo bem. Faço com o mesmo entusiasmo. Acabo recebendo convites de empresas e

---

22 Medo de falar em público é maior do que da morte, diz estudo. **Mackenzie**, 25 fev. 2019. Disponível em: https://www.mackenzie.br/noticias/artigo/n/a/i/medo-de-falar-em-publico-e-maior-do-que-da-morte-diz-estudo/. Acesso em: 6 mar. 2020.

faculdades, de várias cidades, para falar do meu tema: "Atitude e Bom Humor – Palavras Fundamentais". Por isso que, por volta de 2005, como estava indo tantas vezes fazer palestras na FGV, acabei sendo chamado para ajudar a coordenar o Centro de Empreendedorismo e Novos Negócios dessa instituição fantástica. O que continuo fazendo é chamar a atenção do pessoal para não reclamar da vida e escolher caminhos mais alinhados com seus valores fundamentais.

Ganhei uma plataforma de comunicação com esses jovens. Minha voz acabou ficando um pouco mais grossa, passei a ser o Fábio da FGV. Fiz diversos eventos, atendia alunos individualmente para ajudar a clarear o que queriam e o que não queriam da vida.

REGRINHAS QUE ME LEVAM LONGE

1. Orgulho zero. Levo desaforo para casa, jogo no lixo e vou para o cinema com a família;
2. Penso que os dispostos se atraem na hora de escolher minhas parcerias;
3. Gosto de reuniões. Elas existem desde que o mundo é mundo. A questão é como torná-las produtivas;
4. Sobre plano B, C, D: se não me toma tempo, dá para ter. O que importa é como o modelo está desenhado;
5. Eu me preocupo mais com o que o outro está entendendo do que com o que eu estou falando;
6. Minhas atitudes são direcionadas para me deixar tranquilo e autoconfiante, ambiente ideal para minha criatividade;
7. Sempre deixo uma margem de chance no caso de eu estar completamente errado;
8. Empreender é olhar para o lado e perceber o problema de alguém para resolver;
9. Daqui a pouco acabou. Morreu! Está ruim? Muda. Não reclama.

E A PERGUNTA MAIS TOP DE TODAS: A QUE HORAS VOCÊ VAI ACORDAR AMANHÃ?

Já pensou em como transformar uma vida normal em uma vida sensacional para você, para sua família, para seus amigos? Pense na sua vida ideal: como é que você gosta de passar seu dia? Onde você quer morar? Quer ter rotina ou não? Quer ter família ou não? O que quer encontrar quando tiver 104 anos?

E, claro, que horas quer acordar amanhã?

O engraçado é que, quando eu resolvi a questão de acordar na hora que der vontade, acabei me deparando com a seguinte questão: eu tinha tempo livre. E, quando você tem "tempo livre", acaba fazendo o que gosta. Mesmo que seja não fazer nada, ver televisão, ajudar os outros, compor uma música, fazer esporte, viajar, ganhar dinheiro ou ainda mudar o mundo! Aí sim, você acaba fazendo o que gosta. Se for um negócio rentável ou sem fins lucrativos, não importa. Você estará fazendo o que gosta! Minha conclusão é que até hoje eu trabalho por tempo e não por dinheiro. Coisas que vão me dar mais tempo livre para fazer o que eu quiser, mesmo que seja trabalhar.

DORME MAIS UM POUQUINHO... APROVEITA!

Eu insisto tanto nessa questão do sono que sinto que devo até uma explicação científica. É muito sério descansar. É vital. Literalmente! Você tem todo o meu apoio para melhorar a qualidade da sua vida, e isso inclui ter tempo decente para dormir. Sono é fundamental para o seu sucesso valer a pena. Só que quase metade (43%) dos brasileiros está dormindo mal, segundo pesquisa da Sociedade Brasileira do Sono. E esse número pode dobrar[23] no caso dos jovens, por causa do seu estilo de vida digital.

---

23 QUASE metade dos brasileiros sofre de distúrbios do sono, diz associação. G1, 12 jan. 2009. Disponível em: https://g1.globo.com/Noticias/Brasil/0,,MUL951656-5598,00-QUA SE+METADE+DOS+BRASILEIROS+SOFRE+DE+DISTURBIOS+DO+SONO+DIZ+ASSOCIACAO.html. Acesso em: 21 jul. 2021.

O sistema imunológico precisa desse descanso para responder a tantas ameaças contra a saúde, como a depressão e o *burnout* (pico do estresse). Também sua visão pode mudar na hora de tomar decisões financeiras, segundo a expert em psicologia econômica Vera Rita de Mello Ferreira. Em um fórum de educação, ela incentivou os altos executivos do LIDE a dormir mais, pelo bem dos seus negócios e até para preservar o QI. Por isso, enquanto o mundo hiperacelerado lá fora grita "acorda!", eu falo baixinho "calma, se quiser, dorme mais um pouquinho". Não é só gostoso, como aumenta sua clareza de pensamento e sua produtividade.

Levo muito a sério o que recomendou o neurologista e especialista no assunto Fernando Morgadinho, em um fórum de saúde do LIDE: sete ou oito horas diárias, tranquilo e desligado de tudo. Ajuda a ter criatividade nas conexões, bom humor no trato com as pessoas e disposição para agir.

A quantidade de horas trabalhadas não tem nada a ver com a qualidade do seu resultado. Já vi muita gente ir dormir no banheiro da empresa ou ficar jogando no computador para mostrar serviço. Melhor dormir, meu amigo. Você já sabe que o grande motivo que me levou a empreender foi conquistar o controle do meu tempo e, sempre que possível, abrir os olhos pela manhã espontaneamente. O tema não é acordar cedo ou tarde. O legal é acordar na hora que você quiser!

Vou dizer mais uma coisa: ser dono do tempo não é sinônimo de fazer pouca coisa, é fazer o que você quiser, na hora que você quiser. Aliás, várias vezes me encontro motivado, fazendo alguma coisa na madrugada, porque tudo vale a pena quando é feito de um jeito leve e gostoso, sem sofrimento. Não era meu sonho de criança ter uma cachaça quando crescesse. Surgiu essa oportunidade. E depois outra e outra. É por isso que eu repito: enquanto não souber do que gosta, pode pensar em seus valores fundamentais, suas verdades inquestionáveis. O que é importante para você? E o que não quer de jeito nenhum? Seus valores vão guiar as suas escolhas.

Outra boa pedida é envolver-se naquilo que ativar bons contatos e ideias. Doe seu tempo para iniciativas legais, como eu fiz no Centro de Empreendedorismo e Novos Negócios da FGV. Daqui a pouco você descobrirá o que realmente faz bem. Sugiro ainda procurar saber como gosta de passar seu dia. Que horas gosta de acordar? Onde quer morar? Quer viajar? Quer rotina? Quer risco? Quer ter tempo livre? Descobri que o que eu gosto de fazer é aquilo que faço quando não tenho nada para fazer, e ninguém me cobrando.

Não custa reforçar que é importante resolver a questão do dinheiro para saldar seus custos fixos. Muito melhor do que ganhar muito é não deixar faltar. Assim, você pode degustar o seu tempo livre fazendo aquilo que dá prazer. Faça suas contas, veja quanto custa a vida de que você gosta e monte seu plano.

AGRADEÇA PELOS PROBLEMAS

Um dia, havia acabado de sair de uma consulta para resolver aquele problema da pinta no departamento de oncologia de um grande hospital paulistano, e estava em cima da hora para dar uma palestra na FGV. O tema era "Atitude e Bom Humor". Apesar da minha preocupação com a notícia do melanoma, eu precisava dar o meu melhor para motivar aqueles alunos. Não podia levar o meu problema. Pensei: "Isso aqui não vai me baquear".

Subindo de carro a rua da Consolação, olhei para o lado e vi o quê? Um cemitério imenso. Pensei: "Nossa! Para esses caras aí dentro os problemas acabaram." Então, eu quero ter os meus. Estou vivo. Todo mundo tem problema, essa é a vida. Melhor encará-los como desafios e ir solucionando um por um. Céu de brigadeiro não aparece o tempo todo, mas a gente sabe que, por cima das nuvens, há um Sol. Quem já parou de respirar adoraria estar no meu lugar, resolvendo os meus problemas. Por isso não vou reclamar de nada.

No começo deste livro, você se imaginou comemorando 104 anos? Estava bom ou mais ou menos? Então, acaba de ganhar uma nova chance de fazer valer sua estadia na Terra e prolongar seus bons momentos. Projetar meu aniversário de 104 anos é um balizador para as minhas atitudes e pode ser um hábito inspirador para mais alguém.

PASSADO, PRESENTE E DAQUI PARA A FRENTE

Falo tanto de vida, mas não me lembro muito da minha própria vida antes dos 10 anos. Só sei que, quando completei 3 anos, meus pais resolveram me criar em Ribeirão Preto em busca de uma cidade mais tranquila e com maior qualidade de vida. Meu pai tinha uma irmã morando lá e resolveu montar uma lanchonete no centro, junto com o cunhado, chamada Carioca. Como ele tem o DNA de vendas, também vendia imóveis e conciliava essa atividade com o dia a dia dos cafés, sucos e lanches servidos. Assim, fui parar no interior, começando o grande caso de amor por esse estilo de vida que mantenho até hoje. Como o local onde eu queria morar tinha um reflexo direto de como eu queria passar meu dia, tive que montar meu plano considerando esse fator. Sempre me perguntando: estou fazendo o que quero mesmo? Ou estou me sacrificando agora, mas acredito que vai ficar bom mais na frente? É uma experiência boa que vai me dar história para contar? Tudo em busca daquele dia a dia ideal.

Dos 10 aos 20 anos, veio um período de descobertas dos meus valores fundamentais. Dos 20 aos 30, fui montando meu modelo de vida. Dos 30 aos 40, acelerando o modelo. De 40 em diante, atualizando e ajustando o modelo, sem nunca deixar de plantar novas sementes em Catanduva, em São Paulo, em Madri, na Nova Zelândia, onde quer que seja… Todo mundo fala que passa rápido, e sempre escutei e acreditei nisso. Sabe aquela sensação gostosa de estar em dia com a vida? Se acabasse hoje, eu ia dar meu último suspiro pensando: "Poxa, foi muito divertido, e olha que deu para fazer bastante coisa."

Para alguém que não era nem para estar neste mundo, humildemente, posso dizer que tive oportunidade de construir uma família maravilhosa, conhecer vários países, conectar e inspirar pessoas sensacionais com eventos e palestras, aprender e debater com mentes brilhantes, agregar em vários empregos, montar negócios no Brasil e no exterior, abrir empresa, quebrar empresa, expandir empresa, vender empresa, conhecer muita gente, fazer e manter alguns bons amigos, escrever um livro... Até árvore já plantei. Eu me sinto absolutamente no lucro!

Meu sorriso no rosto sempre me garantiu essas experiências, essas conquistas e amizades. Se ainda não tem esse hábito, sugiro que estampe o seu sorrisão, para nunca mais se desfazer dele. No fundo, as pessoas são atraídas por outras que estão de bem com a vida, que passam uma energia boa. Intuitivamente, é como se perguntassem: "Como fazer para ficar perto de uma pessoa do bem?" Isso vale na hora de arrumar um novo trabalho, parceiro, investidor ou cliente. As pessoas querem gente com cara de solução, positiva, de brilho nos olhos, e não com cara de problema.

Isso também vale para arrumar uma namorada ou namorado. Não adianta querer fazer isso quando está pra baixo, de mau humor. Tem que ser na hora que está bem. Primeiro tem que organizar a "casa". Acha que vou depositar essa responsabilidade no colo da minha esposa? Não é justo com ela, além de não funcionar. Agora, para ficar melhor ainda, aí, sim, preciso de alguém especial.

Felizmente, encontrei uma pessoa que está de bem com a vida. Inclusive me casei com ela e tivemos duas filhas maravilhosas, a Ana Luiza e a Ana Helena. E olha que coisa incrível, eu não preciso da Carolina para nada, ela não precisa de mim pra nada. Dependência zero. Tanto emocional como financeira. Ou seja, ela pode me deixar amanhã! Mas olha a sutileza. Como nossa sintonia é muito boa, estamos juntos porque queremos e não por que precisamos. Isso deixa o amor leve, como tem que ser! Procuro pensar: "O que vamos fazer para nos divertir? Para deixar o nosso casamento ainda mais gostoso?"

Eu sou assim com tudo. Também procuro pensar: "O que vou fazer para me divertir trabalhando? Para ter os resultados que desejo sem perder essa leveza?" Repare que o meu foco não tem nada a ver com ficar no sofá com a vida parada. Muito pelo contrário. A falta de atitude só deixa a vida pesada. Quando fiz 40 anos, em nove de julho de 2016, dentro do meu projeto de passar os 104, perguntei à minha esposa o que nós queríamos fazer nos próximos dez anos. Foi quando, surpreendentemente, ela respondeu com a mais doce das verdades:

— Olha, se a gente fizer igual ao que fizemos nos últimos dez, seria o máximo.

Essa conclusão foi uma das melhores coisas que já ouvi! Mostra que estamos em dia com a nossa vida. Então, vamos continuar sendo criadores de bons momentos, dando risadas, ajudando gente, curtindo nossas filhas, nossa família e nossos amigos.

É importante chegar nos 100% de equilíbrio, autocontrole e de satisfação comigo mesmo, sozinho, totalmente independente, financeira e psicologicamente. Não poderia esperar que outra pessoa me completasse. Tenho um amor tão grande pela Carolina, porque ela, também totalmente independente, me leva para os 200% de felicidade, onde eu não consigo chegar sozinho. É aí que a mágica acontece. Essa é nossa leveza linda. Um não precisa do outro e estamos juntos porque realmente queremos. Até os meus 100% é minha responsabilidade, eu me viro, e já tá bom. Chego pronto para ela, e, sem esperar nada em troca, o que vier a mais é lucro. Leveza, e muita alegria por ter encontrado uma companheira em tanta sintonia comigo.

Sou um privilegiado por dividir várias histórias com esses seres humanos únicos, como o Eduardo, meu sócio de vida, a quem deixo minha admiração, respeito e alegria por fazer parte da minha caminhada. Aliás, aproveito para dizer a todos que participam da minha vida de alguma forma que têm a minha gratidão eterna.

Se nós vamos colecionando pequenos bons momentos acabamos formando um dia bom. Repetindo isso por alguns dias, sem reclamar, teremos uma semana boa. Com atitudes positivas consecutivas, geramos meses legais. Evitando problemas e tentando colocar planos em prática, conseguimos colher alguns anos interessantes.

Ficando de olho no que quer encontrar com 104 anos, e exercitando o bom humor em busca da tal leveza, quando se dá conta você teve uma vida incrível. E ainda vai evitar aquela sensação de conviver com uma área de sombra.

Se o mundo acabar, beleza. Fiz o que pude da minha vida. Desejo que você também tenha a sensação de estar no lucro com sua vida. Se tem alguém que agradeceria por estar em nossas condições, temos que

ESTÁ FELIZ? ÓTIMO. ESTÁ RUIM? MUDA, NÃO RECLAMA.

ter vergonha de reclamar. Se não estiver bom, está na nossa mão mudar. Nem que seja a maneira de encarar o mesmo problema. E que possa respirar fundo e concluir, com serenidade, que fez o que pôde e que continuará fazendo pelos próximos dez anos. Sem aquele medo de o tempo estar passando tão rápido – ao ponto de ver os 30, 60, 90 ou 120 anos sem ter conseguido fazer nada de gostoso, que valha a pena contar.

Imagino que você não é de reclamar da vida. Mas, se for o caso, pare agora. Sempre é tempo! Sorria no espelho e comece agora a buscar bons momentos. Se não encontrar, crie. Aproveitando as oportunidades sem ficar reclamando ou desperdiçando energia com bobeiras, vai sentir essa leveza produtiva de que falei do início ao fim deste livro. Se você economizar 01 (uma unidade) de reclamar da vida, em minha homenagem, todo o meu trabalho já valeu a pena. A boa notícia é que não precisa ter muito dinheiro para isso, só atitude: a atitude de ser feliz por opção!

ACEITE ESTE PRESENTE

Tudo o que desejo é que você esteja no seu controle, para não ser usado e depois descartado. Se pergunte se gosta dos caminhos que escolheu. Ao se projetar com 104 anos, fica fácil tomar a decisão de aliviar o seu estresse e buscar a leveza produtiva.

Nada dura para sempre, e nesse ponto você já deve estar achando que eu tenho uma tatuagem escrito: "Está feliz? Ótimo. Está ruim? Muda, não reclama." É quase isso; porém, no dia que esse lema não estiver tornando a vida mais gostosa, também vou abrir mão e trocar por outro. Sem neuras, tradições ou orgulho. Cada um pode fazer o que quiser da vida, rever a rota, estudar um novo plano. Enquanto você está vivo, dá para fazer tudo. Não porque precisa, mas porque você quer. Tenha a atitude de dar o primeiro passo. Se esse passo for para o lado errado, ajuste o rumo. O que importa é o movimento!

Criar algo que eu não precisaria ter feito, como o Walking Together, é o máximo, é show. Muda tudo, tem valor, é a tal atitude transformadora. Começando com brilho nos olhos, dedicação, de maneira apaixonada, dá certo! Quanto mais gente eu conseguir contagiar com isso, mais legal será.

Se, de tudo o que eu falei, você encontrou algum vínculo, vamos conversar. Muita gente poderia pedir – não digo apenas para mim e sim para qualquer pessoa –, mas, por vergonha, medo de receber um não ou indiferença, acaba não pedindo dicas, conselhos, parcerias ou oportunidades. Mas, se você chegou até este capítulo, olha que máximo, eu sou seu fã. Conta comigo!

Escreva para mim nas redes sociais:

https://www.instagram.com/fabioennorfernandes/

https://www.linkedin.com/in/fabio-augusto-ennor-fernandes-2047696/

Com atitude e bom humor, tenho certeza, é possível a todo mundo conseguir a vida que quer. Vou adorar conversar com você para que sua vida seja produtiva e leve até o seu aniversário de 104 anos – e você vai me convidar para a festa.

Este livro terá sucesso para mim se eu ficar sabendo que uma pessoa chegou para outra e disse: "Lê este livro, vai te fazer bem!" Fazer bem, esse é o real ganho, a grande satisfação da vida. Ver alguém falar que você, sua ideia ou seu trabalho foi útil e ajudou é demais. Não é simplesmente distribuir um produto que você vendeu e faturou.

Sem qualquer pretensão, este livro também tem o objetivo de ajudar gente. A experiência é fascinante, em primeiro lugar, para o próprio autor. Não é só escrever. Durante o tempo que me dediquei a este livro, repensei minha vida, as histórias, as emoções, os vínculos, as tentativas de acertar, os aprendizados. A viagem foi incrível. A segunda experiência é o livro em si e como esse pedaço de mim vai alcançar a essência das pessoas. Porque considero a minha vida verdadeiramente comum, com desafios comuns. E acho que essa é a beleza, porque o que tentei fazer aqui foi mostrar o quanto esse "comum" pode ser *sensacional*. Essa foi a motivação fundamental para eu escrever, organizar, editar e compartilhar esse livro. É um exercício de autoconhecimento, com a vantagem de, depois de pronto, poder me concetar com as verdades fundamentais daqueles que dedicam seu precioso tempo a ler, comentar, indicar.

Não tem como falar de empreendedorismo sem falar de vida. Durante nosso passeio por estas páginas, espero de coração que tenha sido possível refletirmos juntos sobre cada área fundamental da vida, em busca daquele delicioso suspiro de paz interior. Aliás, qual é a sua história? Quero conhecer também. Gosto de gente com histórias, vontades e conquistas. Histórias contagiam, inspiram, engajam... Histórias vendem. Histórias são as nossas vidas. E eu sou apaixonado pela vida.

Deixo aqui uma mensagem, do fundo do meu coração para você. Espero que, de alguma forma, mesmo que sutil, este livro possa te ajudar a aumentar sua coleção de bons momentos. Me conte! A sua história pode ajudar a gerar bons momentos para outras pessoas!

TAMO JUNTO E VAMOS EM FRENTE!

SE UM DIA...

Respire fundo. Mais uma vez...
Vamos lá.

Se um dia eu não concluir sozinho,
Escrevo essa mensagem para me lembrar de como a vida é maravilhosa.

Se um dia eu olhar para as pessoas e me sentir decepcionado,
Preciso lembrar que não devo esperar nada de ninguém.

Se um dia eu olhar para o céu e só ver nuvens,
Vou pensar naquele sol maravilhoso que encontramos sobre elas quando viajamos de avião.

Se um dia eu me olhar no espelho e não estiver satisfeito,
Devo lembrar que só depende de mim melhorar. Quanto ao que não der para melhorar, vou relaxar.

Se um dia eu sentir um vazio no peito,
Quero respirar e pensar em todas as áreas da minha vida, avaliando uma por uma, para ter atitude.

Se um dia eu só encontrar problemas,
Imediatamente vou me imaginar a 50.000 m de altitude, olhando para o nosso planeta. E, assim, enxergar a real gravidade desses problemas.

Se um dia meus familiares estiverem precisando de atenção,
Darei. Um dia vou precisar de mais atenção também.

Se um dia eu precisar de mais amor,
Devo verificar se tenho como dar mais amor a quem eu amo.

Se um dia a falta de dinheiro for o problema,
Vou montar um plano e trabalhar muito.

Se um dia eu me sentir o máximo,
Devo lembrar que humildade é o que faz a diferença.

Se um dia eu não encontrar meus amigos,
Criarei novos.

E se um dia eu não encontrar motivo para sorrir?
Vou sorrir sem motivo mesmo.

POSFÁCIO
POR EDUARDO BREDARIOLI

Quando Fábio diz que eu sou mais que um sócio, sou o irmão que ele não teve, é compreensível… porque eu sinto e digo o mesmo. Crescemos na mesma cidade, Ribeirão Preto, e poderíamos ter uma amizade de infância apenas. Fomos muito além, no momento em que dividimos um miniapartamento na capital paulista e montamos na cozinha, à noite, nossa primeira empresa. Ali, selamos nosso destino empreendedor, norteados por uma filosofia que pode ser resumida em uma palavra: VIVER.

Completamente inexperientes, só com a bagagem da faculdade e dos empregos que tocávamos durante o dia, nós combinávamos no principal. Eu iniciei carreira no mercado financeiro, depois fui para a área de fusões e aquisições, o que me dava algum tempo livre para arriscar pôr de pé um negócio próprio. Fábio tinha a venda na veia. Nunca tivemos desavenças, por existir uma amizade na base e essa afinidade fundamental de olhar para os valores simples, de aproveitar o tempo, de ficar com a família, de fazer bem feito tudo a que nos propomos.

O fato de termos começado nossa sociedade ainda jovens só colaborou. Ganhando um valor ou trinta vezes ele, reagiríamos da mesma forma. Um profissional com anos de experiência provavelmente acumularia mais necessidades, paradigmas incorporados, pessoas dependendo da renda dele. Nós nos sentíamos livres para tentar.

A gente podia ter um circo, uma fábrica de calçados ou qualquer outra coisa. Uma certeza existia: a de que tínhamos valor. Juntos, esse valor só se multiplicava – e nos dedicamos. Afinal, a prática se mostrava muito mais desafiadora do que o nosso plano de negócio. Arriscamos, e não foi uma vez só, seguindo o princípio de que qualquer problema é solucionável.

No início, havia outro sócio, Rodrigo, que queria estar conosco e nos deu muita força, só que ele não pensava em viver disso. Então, continua nosso amigo. Tanto Fábio quanto eu saímos do zero, comendo arroz com cachaça e limão, achando bom. Virou nosso "risoto caipirinha". Tive a sorte de receber uma boa formação familiar e educacional, conquistei bons cargos nas empresas em que atuei, mas queria ser dono do meu tempo e da minha vontade. Que sensacional que meu amigo de infância desejava o mesmo!

O mundão sempre teve e continuará tendo espaço para quem é realmente bom em alguma necessidade do mercado. Por isso digo a todos: valorize o que você sabe fazer bem feito, melhor do que a média, usando seu dom, seu estudo ou seu empenho (se puder unir os três, melhor ainda), e conseguirá achar seu espaço.

Mesmo não sabendo qual tipo de negócio vingaria, como seria e quanto dinheiro daria, sabíamos muito bem qual estilo de vida queríamos ter. Essa foi a nossa bússola para escolher os caminhos que trilhamos e nos levar ao que temos hoje, com a Rottus e a MotivaDuo. Por isso, quando me perguntam o segredo para uma sociedade de sucesso, só consigo responder: eu não tenho sócio, eu tenho o Fábio. É muito difícil escolher um sócio. Ainda mais na minha situação, morando na Espanha.

Aprendi que, na Europa, o casamento é considerado uma espécie de sociedade. A sociedade, pra mim, é um tipo de casamento. Ou há compatibilidade de valores na base dessa relação ou termina em divórcio. O negócio funciona quando as pessoas não sucumbem à ganância de querer que ele vire um sucesso da noite para o dia e quando há confiança entre as partes.

A quem tem vontade de ter um sócio, que não seja somente investidor, sugiro se perguntar: é alguém com quem você conta nas horas difíceis? É um cara que não vai se preocupar só com o curto prazo? Essa pessoa é capaz de pensar no seu bem-estar antes do egoísmo? Tivemos momentos em que cedi em prol do Fábio e vice-versa, por exemplo, quando eu quis morar em Madri.

POSFÁCIO

Anos depois, nosso escritório na Espanha está trazendo resultados efetivos com importações e exportações. Nesse período, participei à distância do dia a dia das negociações do escritório brasileiro. Quem assimilaria bem o fato de eu ficar recebendo pró-labore enquanto tentava gerar negócios internacionais? Na teoria é muito bonito, mas experimente explicar isso na prática e fazer alguém entender.

Nesses últimos anos, Fábio vem se dedicando também ao LIDE e ao Walking Together. Eu só disse: vá em frente! Sempre podemos balancear o trabalho com o estilo de vida que queremos ter, para não abrirmos mão do prazer de viver. Eu sou o matemático da dupla. Tenho excelente memória. Sei exatamente o custo das coisas, o tempo de maturação, a dedicação de cada um, e converso com o Fábio sobre isso.

Qual é o nosso fundamento? Ganhar dinheiro e ao mesmo tempo querer o bem-estar do outro. Isso faz com que a gente pense no médio e longo prazo. Pensávamos em montar algo que nos permitisse essa tranquilidade (que não tem preço!) e estamos caminhando bem. Tanto ele como eu poderíamos estar milionários atualmente, mas gostamos do nosso jeitão de fazer as coisas.

Em primeiro lugar vem "tô legal, tô vivendo bem, tô feliz". Pronto. Quem não tiver clareza do que deseja pode estar arrumando não um sócio, e sim uma boa dor de cabeça.

Eduardo Bredarioli
Ph.D. em Economia Internacional e Empresário.

Este livro foi impresso pela Gráfica Rettec em
papel pólen bold 70 g/m² em outubro de 2021.